거꾸로 생각해 봐!

세상도 나도 바뀔 수 있어

거꾸로 생각해 봐! 세상도 나도 바뀔 수 있어

강수돌, 허지웅, 박홍규, 엄기호, 이은희, 남난희, 박승옥 지음

2010년 4월 25일 처음 찍음 | 2021년 11월 15일 열두 번 찍음
펴낸곳 도서출판 낮은산 | 펴낸이 정광호 | 편집 정우진 | 제작 정호영 | 디자인 박대성
출판 등록 2000년 7월 19일 제10-2015호
주소 04048 서울시 마포구 어울마당로5길 16 반석빌딩 3층
전화 02-335-7365(편집), 02-335-7362(영업) | 팩스 02-335-7380
홈페이지 www.littlemt.com | 이메일 littlemt2001ch@gmail.com | 트위터 @littlemt2001hr
출력·제판 나모 에디트 | 인쇄·제본 상지사 P&B

© 강수돌, 허지웅, 박홍규, 엄기호, 이은희, 남난희, 박승옥 2010

* 잘못 만들어진 책은 바꾸어 드립니다. * 이 책의 무단 복제와 전재를 금합니다.
* 책값은 뒤표지에 표시되어 있습니다.
* 이 책에 실린 사진 가운데 일부는 출간일까지 저작권자를 찾지 못했습니다.
  빠른 시일 안에 저작권자를 찾아 정식으로 허락을 받고자 합니다.

ISBN 978-89-89646-59-4 43300

거꾸로 생각해 봐!

2

강수돌 | 허지웅 | 박홍규 | 엄기호 | 이은희 | 남난희 | 박승옥

세상도
나도
바뀔 수 있어

낮은산

차례

경쟁이 없으면 우리는 발전하지 못할 것인가?
진정한 발전은 서로를 살리는 삶 속에 있어!
가진 자들만 더 배불리는 경쟁 사회를 벗어나기 위하여 / 강수돌 6

소비는 우리를 행복하게 해 주는가?
그럴 수도 있어. 하지만 따져 볼 일이 참 많아!
소비를 위한 소비를 강권하는 사회 / 허지웅 30

내 편이 아니면 적일 뿐이라고?
다름을 인정할 때 세상은 아름다워져!
편 가르기 없는, 모두가 주인 되는 세상을 꿈꾸며 / 박홍규 52

넘쳐나는 자유가 우리를 구원할 거라고?
실패할 자유, 패자부활전이 있는 사회가 아름다워!
신자유주의 사회, 자유의 진짜 얼굴 / 엄기호 74

약육강식만이 생태계의 질서라고?
다윈은 약육강식을 말하지 않았다!

생태계의 또 다른 이름, 다양성 그리고 공존 / 이은희 102

에둘러 가면 뒤처질 뿐이라고?
가지 않은 길이 보여 주는 아름다움이 얼마나 많은데!

효율, 속도만 앞세우는 사회에서 벗어나기 / 남난희 130

경제성장이 안 되면 우리는 불행해질 것인가?
풍요는 공동체의 행복을 파괴할 뿐이야!

우애와 환대로 행복을 일구기 위하여 / 박승옥 156

경쟁이 없으면 우리는 발전하지 못할 것인가?

진정한 발전은 서로를 살리는 삶 속에 있어!

가진 자들만 더 배불리는 경쟁 사회를 벗어나기 위하여 | 강수돌

강수돌

강수돌은 일찍부터 '돈의 경영'이 아니라 '삶의 경영'에 관심을 갖고, 죽은 이론이 아니라 믿는 바를 실천하는 데 힘써 왔다. 고려대학교 세종캠퍼스에서 경영학을 가르치고 있다. 평소 세 명의 아이들에게 '밥이 똥이고 똥이 밥이다.'라고 가르쳐 온 그는 매일 아침, 재래식 화장실에 똥을 누고 "똥아, 잘 나와서 고마워!"라고 인사한다. 강수돌이 가장 고심하는 바는 '노동-교육-경제-생명'이라는 고리로 연결된 우리 사회의 문제를 어떻게 풀어야 하는가이다.

타인은 오로지 경쟁 상대일 뿐인가?

평소 시험만 치면 50~60점을 받던 아이가 처음으로 100점을 받았다. 얼마나 기쁠까? 숨이 차도록 학교에서 헐레벌떡 뛰어와 현관문을 열며 "엄마~ 나 오늘 100점 맞았어!"라고 환호성을 지른다. 이때 엄마가 보여 주는 몇 가지 황당한 반응이 있단다.

첫 번째, "얘, 그거 네 답안지 맞니?" 아니면 "너, 거짓말하는 거지?"라며 불신하는 반응이다. 하기야 엄마로서도 잘 믿기지 않을 수 있다. 그러나 사실 여부를 떠나, 또 점수를 떠나 무조건 따뜻하게 안아 줄 수는 없을까?

두 번째 황당한 반응은 이렇다. 엄마는 전혀 기뻐하는 기색도 없이 냉정한 어조로 말한다. "얘, 근데 너 말고 100점 맞은 애들이 너희 반에 몇 명이나 더 있니?" 분위기는 싸늘해진다. 엄마의 입장에서는 우리 아이만이 100점을 맞아야 진짜 빛이 나는 100점이기 때문이다. 그래야 진짜 1등이다. 결국, 예전보다 훨씬 나아진 자신의 모습에 기뻐하는 아이 마음과는 달리, 엄마의 입장에서는 100점이라는 완벽한 점수도 중요하지만 1등이라는 최종 승자의 자리가 더 중요하다. 그러니 "너 말고 100점 맞은 애들이 몇 명이나 더 있"는지가 중요하다.

그럼, 세 번째 황당한 반응은 무엇일까? 아이가 나중에 일류 대학에 가고 일류 직장에 취직하거나 최고의 엘리트가 되어 남부럽지 않게 살아가기를 바라는 엄마는, 보다 더 장기적인 안목을 갖고 충고한다. "얘, 중간고사보다 기말고사가 더 중요해. 지금부터 딴생각 말고 당장 기말고사나 준비해!" 아이의 입장에서는 정말 황당하다. '아니, 지금 받은 100점도 정말 힘겹게 받았고 그러기에 정말 소중한데, 이것을 칭찬하거나 격려하기보다는 모두 잊어버리고 기말고사 준비나 하라니! 정말 엄마는 내 마음을 몰라주는구나.' 이런 생각이 든다. 오죽하면 '안티 엄마 카페'까지 생기겠는가?

그러나 엄마의 황당한 반응은 여기서 그치지 않는다. 궁극의 황당함을 보여 주는 네 번째 반응이 남아 있다. 아이를 안아 주고 등을 두드리며 기뻐해야 할 엄마는 오히려 그 시험 답안지로 아이의 뒤통수를 때리며, "야, 이 녀석아! 이렇게 잘할 수 있으면서 왜 진작 이렇게 못했어?"라며 화를 낸다. 물론 그렇게 아이를 때리는 엄마도 속으로 눈물을 흘린다. 아이가 고맙기 때문이다. 엄마는 한편으로는 여태껏 고생한 보람이 있다고, 다른 한편으로는 자신이 어렸을 때 100점을 받지 못해 받았던 마음의 상처가 조금이라도 치유되는 듯 느낀다. 결국 아이에 대한 공격성은 엄마의 상처가 본의 아니게 드러난 결과다.

이 짤막한 이야기에서 우리는 무엇을 배울 수 있을까? 우선, 엄마와 아이의 관계가 오로지 시험 점수나 상대 석차를 통해 결정되고 있다는 사실이다. 점수나 등수가 좋으면 좋은 관계를 형성하게 되고, 그렇지 않으면 이른바 '웬수' 관계가 형성된다. 서로 미워하다가 상처를 주고받기 쉽다. 다음으로는, 왜 여기서 아빠는 쏙 빠진 채 엄마만 악역을 담당하는가 하는 문제다. 사실 대부분 가정에서 아빠는 돈벌이에 바쁘고 엄마는 애들 교육을 책임진다. 일종의 분업 구조처럼 그 역할이 굳어 있다. 아빠가 고생하는 만큼 엄마는 더 아이를 잘 챙겨서 좋은 성적을 거두도록 '코치'해야 한다. 서울 강남의 경우, 어떤 엄마들은 코치를 넘어 '전문가' 입장에서 아이 교육을 이끌고 있다. 그리고 엄마에게는 아이의 성적이나 진학 결과가 자신의 성과가 된다. 아이의 성적표가 곧 엄마의 성적표다. 그 성적표에 대한 평가는 아빠가 한다. 만약 그 결과가 나쁘면? 결과는 뻔하다. 가정불화다.

이런 상황에서, 아이는 부모로부터 사랑을 '사기' 위해 공부를 열심히 해야 한다. 공부를 하는 이유가 뭔가 배우고 싶고 뭔가 자신을 계발하고 싶어서가 아니라 부모의 사랑을 사기 위해서라면, 이미 모든 게 끝장났다고 할 수 있다.

통계청 자료에 따르면, 10~19살 청소년이 2000년에는 264명, 2003년에는 297명, 2005년에는 279명, 2006년에는 233명이 자살했다. 휴일을 빼면 매일 한 명꼴로 자살하는 셈이다. 이게 바로 우리 현실이다. 2005년부터 2008년 10월까지, 서울시 정신보건사업인 '블루터치' 핫라인에 들어온 '자살 위기 상담'을 분석한 결과,

십 대 청소년의 상담 이용률은 이삼십 대 다음으로 높았다고 한다. 청소년의 자살 동기로는 성적과 진학 문제가 가장 높았고, 그 다음으로는 가정불화와 외로움, 경제적 어려움, 따돌림 같은 친구와의 불화 순이었다. 이 모두의 공통된 뿌리는 결국 아이의 점수나 대인 관계다. 특히 아이의 점수나 등수가 좋으면 부모가 행복하고 나쁘면 부모가 불행해진다. 비극이다.

그러나 앞의 이야기에서 가장 비극적인 대목은, 아이가 친구들과 서로 우정을 나누는 관계보다는 오로지 경쟁 상대라는 잠재적 적대 관계를 상정해야 한다는 사실이다. 상대 평가가 지배적인 교육 시스템 아래에서는, 나만 열심히 잘해도 별 의미가 없다. 아무리 내가 잘하더라도 다른 아이들이 더 잘해 버리면 나는 꼴찌가 되기 때문이다. 그래서 나 말고 다른 아이들이 더 잘하면 그 아이들이 미워지고 그를 못 따라가는 나 자신도 미워진다. 그 뒤로 전혀 진척이 없는 상태가 반복되면 결국 모든 걸 자포자기하고 만다. 이런 분위기 속에서 자연스레 친구와 우정을 쌓을 아이는 아무도 없다. 모두 '만인의 만인에 대한 경쟁' 관계에 돌입할 뿐이다. 친구에게 공책을 빌려 주기도 어렵다. 친구가 어떤 문제 하나를 못 풀면 속으로 기뻐하고 잘 풀면 속으로 화가 난다. 친구가 선생님에게 칭찬을 받으면 은근히 샘이 난다. 친구가 행복하면 내가 불행해지고 내가 행복하면 친구가 불행해진다. 과연 이것이 사람 사는 세상인가?

누구를 위한 경쟁인가?

우리 아이들은 이제 우정도 불가능한 세상을 살고 있다. 여기서 이런 질문이 생긴다.

"과연 우리가 하는 경쟁은 누구를 위한 것인가?"

경쟁을 하더라도 서로 즐거우면 그마나 좀 낫다. 봄이나 가을에 학교 운동장에서 하던 운동회를 생각해 보자. 아이들을 청군과 백군으로 나눈다. 축구를 해도 좋고 달리기를 해도 좋다. 줄다리기도 좋고 공굴리기도 좋다. 이겨도 기분이 좋고 져도 기분이 그렇게 나쁘지 않다. 다른 팀에게 졌다고 화를 내는 부모는 아무도 없다. 서로가 친해지고 모두 즐겁게 몸과 마음을 움직여 노는데 목적이 있을 뿐, 승패 자체가 중요하지 않기 때문이다. 이기든 지는, 그 경기 도중이나 뒤에도 모두 행복감에 젖는다.

그러나 시험 점수를 두고 하는 경쟁, 상급 학교 진학을 두고 벌이는 경쟁, 취업할 일자리를 두고 하는 경쟁, 회사의 경쟁력을 높이기 위한 경쟁, 국가 경쟁력을 높이기 위해 벌이는 경쟁, 이러한 경쟁은 결코 우리를 행복하게 하지 못한다. 그것은 승패를 가르는 경쟁이고, 누가 더 많은 떡고물을 누릴 수 있는가 하는 기득권 경쟁, 누가 더 밥벌이를 잘할 수 있는가 하는 생존경쟁이기 때문이다.

그렇다면 이러한 경쟁은 과연 누구를 위한 것인가? '선착순'을 잘 살펴보면 이러한 경쟁을 제대로 이해하는 데 도움이 될 듯하다.

아이들이 말을 잘 안 들을 때, 가끔 체육 선생님이 쓰는 방법 가운데 하나가 선착순이다. 선생님이 운동장 구석에 있는 철봉을 가리키며, "선착순~, 시작!"이라고 하면 아이들은 죽어라고 달린다. 한 바퀴 돌고 오면 일단 1등에서 3등까지는 그만 달리라며 빼 준다. 나머지는 다시 또 뛰어야 한다. 그러면 다시 1등에서 3등까지 빼 준다. 그렇게 열외가 되면 헉헉거리면서도 다행이라며 안심한다. 나머지는 속으로 욕을 하면서도 다시 달려야 한다. 그렇게 몇 바퀴 돌고 나면 모두 혼쭐이 나서 선생님 말씀이라면 일사불란하게 잘 듣는다. 흔한 말로 '군기'가 잡혔기 때문이다.

자, 여기서 한 번 생각해 보자. 선생님의 입장에서는 철수가 1등이든 영희가 1등이든 상규가 1등이든 아무 상관없다. 그러나 아이들 입장에서는 전혀 다르다. 아이들 모두는 자신이 1등, 최소한 2, 3등은 해야 한다. 그래서 죽도록 달린다. 그렇게 아이들이 죽도록 달리는 한, 다시 말해 아이들끼리 서로가 서로의 경쟁자가 되어 앞만 보고 달리는 한, 선생님은 누가 1등 하고 누가 꼴찌 하는가에 상관없이 모두 군기를 잡을 수 있다. 아이들은 앞만 보고 달리느라 선생님이 왜 이런 뜀박질을 시키는지 의구심을 품을 시간도 없다. 혹시 그랬다가는 죽도록 맞기 십상이다. 그래서 아이들은 그 어떤 의심도 품지 않은 채 오로지 3등 안에 들기 위해 죽어라고 달린다.

아하, 바로 이것이다! 아이들이 서로 경쟁 상대가 되어 경쟁의 물결에 휘말리는 순간, 선생님은 속으로 웃으며, "짜~식들, 이제 모두 내 말을 잘 듣게 되었군." 하고 만족하게 된다.

꼭 같은 논리가 바로 기업과 기업 사이의 경쟁에도 적용된다. 이 사회의 경제 구조는 기업과 기업 사이의 경쟁으로 짜여 있다. 경쟁력이 높으면 승자가 되고 경쟁력이 떨어지면 패자가 되어 그 기업은 사라지고 만다. 세계 전체를 봐도 같은 이치다. 세계 시장에서 경쟁력이 있으면 승리의 노래를 부르며, 마침내 다국적기업, 초국적기업으로 성장한다. 경쟁력이 없으면 하루아침에 사라지고 만다. 이러니 모든 기업은 경쟁력을 높이려 물불을 가리지 않는다. 그렇게 모든 기업이 서로 경쟁 상대가 되어 앞만 보고 달리고 있을 때, 자본주의 시스템과 그를 움직이는 국제통화기금 IMF, 세계은행 IBRD, 세계무역기구 WTO, G20 및 각 나라의 지배 세력 같은 기득권 세력은 뒤에서 웃고 서 있다. 이때 누가 1등 하고 누가 꼴찌 하는가는 상관없다.

학교에서 아이들 군기를 잡을 때, 선생님 입장에서는 선착순으로 아이들을 경쟁시키면 쉽게 군기를 잡을 수 있다. 마찬가지로 세계 자본주의 시스템 입장에서는 온 세상의 개인이나 기업을 무한 경쟁시켜야 모두 서로 1등 하기 위해 앞만 보고 달릴 테고, 그러는 동안 그 지배력을 유지하고 그 위에서 엄청난 인간과 자연의 생명력을 추출할 수 있다. 이것이 무한 경쟁의 비밀이다.

자, 이제 비로소 우리가 하는 경쟁이 과연 누구를 위한 것인지 명확해졌다.

한마디로, 기득권 세력을 위한 경쟁이다.

경쟁, 경쟁, 경쟁! 경쟁은 어떻게 내면화되는가?

경쟁에 참여하는 당사자와는 무관하게 경쟁은 기득권 세력이나 기득권 시스템을 위한 것이라는 데 대해서 여러 가지 반론이 나올 수 있다. 예컨대 "경쟁에서 이기면 되지 않느냐? 경쟁에서 열심히 해서 승리하면 나 또한 많이 누릴 수 있지 않느냐?"라고 반론할 수 있다. 맞다. 바로 그것이다. 경쟁에서 이기면 된다. 그러면 자신도 기득권층에 편입될 수 있다. 그렇게 되면 이 격심한 경쟁에서 탈락해서 힘겹게 살고 있는 자들을 비웃으며 "나처럼 열심히 하면 잘살 수 있다."고 자신 있게 말할 수 있다. 그러나 바로 이러한 시각이야말로 모두에게 치명적인 덫이다.

우리 사회에서 모든 부모는 자기 자식이 열심히 하기만 하면 1등을 하고, 일류 대학에 가리라 믿는다. 또 열심히만 하면 일류 직장, 일류 직업을 가지리라 믿는다. 그러나 생각해 보라. 모든 아이가 다 1등이 될 수는 없고, 모든 아이가 다 일류 대학, 일류 직장에 갈 수는 없다. 극소수만이 승자가 된다.

또한 직장이나 사회의 상층부에서 극소수의 사람이 누리는 기득권은 과연 어디서 오는가? 그것은 사실상 중간 아래쪽에 있는 대다수 사람이 흘린 피와 땀과 눈물, 즉 그들의 희생에 기초하고 있는 게 아닌가. 결국 소수의 회사 사장이나 임원은 대다수 일꾼이 '뺑이 치며' 일하고 있기에 천문학적 연봉을 누릴 수 있다. 대통령이나 국회의원 등 일부 정치가 역시 대다수 국민이 '뺑이 치며' 일해서 혈세를 내기 때문에 돈과 권력을 펑펑 쓸 수 있다.

바로 이 점이다! 즉 "너도 이기면 되지 않느냐?"라는 반문은 결국, 승자 무리에 들어가 기득권을 펑펑 누리며 살면 된다는 뜻이다. 그러나 이 경쟁 구조는, 노력한다고 모든 사람이 다 승자 무리에 들어갈 수 없으며, 사실은 대다수 사람이 흘린 피와 땀과 눈물을 기득권의 형태로 극소수가 독차지하는 게임일 뿐이다. 이것을 바로 '승자독점 사회'라고 한다.

그런데 우리는 왜 이런 무시무시한 덫을 가진 경쟁을 옳다고 굳게 믿고 내면화하는가? 한마디로, 두려움 때문이다. 경쟁에서 탈락하면 비참해지고 심지어 생존 자체가 불가능하다는 체험에서 두려움은 생겨난다. 날마다 경험하는 현실이 그렇지 않은가? 반면에 승자, 기득권층은 얼마나 많은 걸 누리는가? 그것을 보면서 다른 한편에서는 부러움이 생겨나지 않을 수 없다.

아하, 바로 이것이다! 우리가 경쟁을 내면화하는 이유는 결국, 한편으로는 두려움, 다른 한편으로는 부러움 때문이다.

그렇다면 이러한 두려움이나 부러움을 만들어 내는, 보다 심층적 뿌리는 무엇일까? 따지고 보면 우리가 사는 이 사회가 '팔꿈치 사회', 즉 옆 사람을 팔꿈치로 쳐내야만 나의 생존이 보장되는 치열한 경쟁 사회가 된 지는 50년밖에 안 된다. 서양에서도 길게 잡아 200년이다. 요컨대, 인간 사회가 처음부터 경쟁 사회는 아니었다는 말이다. 오히려 경쟁보다는 협동이 인간적인 삶을 사는 데 더 필요했다. 비바람이나 추위를 피하거나, 다른 여러 생존의 어려움을 극복하기 위해서는 사람들끼리 협력해야 했다. 그런 원리로 살아 온 기간이 무려 300만 년이다. 그렇게 오랜 세월 동안 인류는 협동을 근본 원리로 삼아 살아왔다. 그런데 자본주의 경쟁 사회가 되면서 갈수록 치열한 팔꿈치 사회, 경쟁 사회가 되고 말았다. 협동보다는 경쟁을 중시하는 사회가 되어 버렸다.

협동 사회가 경쟁 사회로 바뀌는 과정을 좀 자세히 살펴볼 필요가 있다. 자본주의 이전에는 대부분 농촌 공동체 사회였다. 영국은 15세기부터, 영주나 대지주가 미개간지나 공동 방목장 같은 공유지를 사유지로 만드는, 이른바 '인클로저 운동'을 통해 시골 공유지에 양을 키우면서 농민을 땅으로부터 분리시켰다. 그 농민들은 나중에 공장 노동자로 일을 하게 되었다. 공장 노동이 싫어 떠돌이가 되거나 도적이 되면 국가에서 잡아다 강제 노역소로 보내거나, 반복해서 도망가면 '쓸모없는 존재'라며 죽이기도 했다. 한국에서도 일제 강점기에는 토지 조사 사업, 해방된 뒤에는 농지 개혁, 새마을 운동 과정에서 농토와 농민의 분리가 강행되었다. 그것만이 아니었다. 일제의 식민지 통치, 한국 전쟁과 진보 세력 탄압, 독재 정권, 가난의 고통…… 이 모든 과정은 풀뿌리 민중에게 한마디로 폭력이었다. 땅과 더불어 살던 사람들이 자기 의지나 선택이 아니라 외부의 강제로 말미암아 삶의 근거를 잃고 떨어져 나가야 했기 때문이다. 소설 『난장이가 쏘아 올린 작은 공』의 배경이 된 1970년대 이후 오늘날 용산 철거민 사태에 이르기까지 그러한 폭력은 여전히 현재 진행형이다. 요컨대, 사람 냄새가 나는 협동 사회가 보다 치열하고 냉엄한 경쟁 사회로 바뀌는 과정은 땅과 사람의 분리, 사람과 사람의 분리를 폭력적으로 강제하는 과정이었다. 바로 여기서 폭력의 역할이 중요하다.

자신의 삶에서 감당하기 어려운 폭력을 겪을 때 사람들은 어떻게 대응할까? 폭력 앞에서 저항도 하지만 대부분은 지고 만다. 무기력을 느낀다. 좌절한다. 포기한다. 심하면 자살하기도 한다. 이 정도까지는 아니더라도, 조금 여유가 있다면 보따리를 싸서 저 멀리 도망이라도 가고 싶어 한다. 살 만한 공간이 아직 남아 있고 도망갈 자신이 있다면 말이다. 그러나 그러한 공간도 자신감도 없다면? 저 강력한 힘 앞에 저항해 봐야 분명 질 테고, 도망갈 데도 없다면? 한마디로, 무릎을 꿇을 수밖에 없다. 상대방이 힘센 사람이라면 '형님, 알아서 모시겠습니다.' 해야 하고, 상대방이 힘센 시스템이라면 그 시스템이 강요하는 원리를 마음으로 받아들여야 한다. 한편으로는 살아남지 못할까 봐 두려움에 가슴이 떨리고, 다른 한편으로는 힘센 자를 부러워하며 혀를 찬다.

이렇게 폭력적인 현실 앞에서 살아남기 위한 생존 전략의 하나로 우리는 이 사회가 강요하는 원리인 '경쟁'을, 마침내 '내면화'하게 된다. 이제 경쟁을 내면화한 우리는 스스로 진짜 강자가 되기 위해 불철주야 노력하고, 동시에 자기 자식에게도 강자가 되지 않으면 살아가기 힘들다는 점을 부단히 반복해서 세뇌시켜야 한다. 이것이 현재 우리 모두의 솔직한 모습이다. 이런 행위 속에 깃든 심리적 양태를 '강자와의 동일시'라 부른다.

경쟁이 없으면 우리는 발전하지 못할 것인가?

우리가 무의식중에 받아들이는 무한 경쟁이 결국 기득권 세력을 위한 것이라는 데 대한 또 다른 반론은 "경쟁이 없다면 과연 우리가 발전할 수 있겠는가?"이다. 그렇다. 경쟁이 없다면 아무 발전도 없고 오히려 정체만 될 듯하다. 그러나 이것도 착각이다. 우리가 실제 하는 경쟁은 우리 자신의 내면적 발전을 위한 경쟁이 아니다. 자신과의 경쟁이나 진실을 위한 경쟁이 아니다. 우리가 실제 하는 경쟁은 시험 점수 경쟁이요, 암기력 경쟁이다. 취업을 한 뒤에도, 우리가 하는 경쟁이란 다른 기업 상품보다 더 값싸고 더

질 높은 상품을 만들어 파는 경쟁이지, 진정 자기 내면을 발전시키고 진정 사회를 행복하게 만드는 경쟁이 아니다.

바로 이 지점에서 과연 무엇이 '발전'인지 묻지 않을 수 없다. 이러한 물음은 개인적 차원과 사회적 차원으로 나눌 수 있다. 개인적 차원에서 발전이란 내가 가진 소질이나 재주를 밖으로 드러내는 일, 그 수준을 드높이는 일이다. 결국 학교 공부는 내가 무슨 소질이나 재주를 가졌는지, 내가 무엇을 좋아하며, 하고 싶어 하는지, 이런 걸 탐색하고 실험하는 과정이 되어야 한다. 그렇게 해서 자신의 소질과 적성을 마음껏 발휘하여 실력을 키운 다음, 직업 세계로 나아가 사회적으로 기여하는 것이 바람직하다.

사회적 차원에서 발전이란 단순한 국민총생산 GNP이나 국내총생산 GDP 같은 경제성상 지표를 크게 만드는 일이 아니다. 그보다는 부탄이라는 작은 나라에서 하듯이 국민총행복 GNH, Gross National Happiness이나, 더 나아가 보편적 우주총행복 GUH, Gross Universal Happiness을 드높이는 일이 되어야 한다. 국민총생산 같은 경제성장 지표를 가지고 발전을 논해 봐야 결국은 기득권 세력의 배만 불릴 뿐, 우리 사는 현실에서는 '부익부 빈익빈'으로 상징되는 '사회 양극화'만 커진다. 따라서 이제부터라도 행복에 초점을 두고 사회 발전을 논해야 한다. 사람을 행복하게 만들지 않는다면 그 어떤 제도나 정책도 아무 소용없다. 개인 차원이나 사회 차원에서나 모두 마찬가지다.

그렇다면 행복한 삶의 조건은 무엇인가? 크게 본다면 '기본 생계'를 해결하고, 더불어 '삶의 질'을 고양시키는 일을 꼽을 수 있다. 기본 생계란 식, 의, 주를 뜻한다. 결국 많은 사람이 추구하고 있는 돈도 기본 생계를 해결하기 위해서 필요하다고 할 수 있다. 그러나 기본 생계가 일단 해결되었다면 계속 돈만 추구하지 말고, 즉각 삶의 질을 생각해야 한다. 물론 처음부터 삶의 질을 생각하면서 기본 생계를 같이 해결한다면 가장 바람직하겠지만 그게 쉽지는 않다.

그렇다면 삶의 질이란 무엇인가? 크게 네 가지 차원이 있다. 첫째, 건강과 여유다. 둘째, 존중과 평등이다. 셋째, 인정스러운 공동체다. 넷째, 살아 있는 생태계다. 아무리 돈을 많이 벌어도 건강도, 여유도, 존중도, 평등도 없다면 말짱 도루묵이다. 또 아무리 부자 나라가 되어도 공동체의 관계가 없거나 생태계가 병든다면 헛된 일이다.

하지만 불행하게도, 무한한 생존경쟁은 기본 생계를 해결하지도, 삶의 질을 향상시키지도 못한다. 자아실현은 말할 필요도 없다. 무한 생존경쟁은 자아를 실현하기보다는 자기를 억압하고, 개인을 행복하게 하기보다는 스트레스가 쌓이게 하고, 사회적 삶의 질을 향상시키기보다는 사회적 파괴성을 높일 뿐이다. 이것이 솔직한 우리의 현실이다. 그렇지 않다면 왜 십 대 청소년이 날마다 자살하며, 그렇지 않다면 왜 노동자가 매일 200명 이상 산업재

살벌한 승자독점의 시대에서
승자가 되기 위해 노력하기보다,
승자독점이 초래하는 파괴적 결과를 직시하고,
모두 함께 즐겁게 사는 '공생공락'의
새로운 대안을 만들기 위해 지혜를 짜야 한다.

해를 당하는가? 그렇지 않다면 왜 집집마다 엄마가 아이 교육 때문에 불안에 떨고 스트레스를 받으며, 그렇지 않다면 어떻게 해서 금수강산이 오염강산으로 변했겠는가? 그렇지 않다면 왜 아름다운 농촌 공동체가 절망과 한숨이 가득한 곳으로, 젊은이는 떠나고 노인만 남아 있는 곳으로 '공동空洞화'해 텅 비어 버리고 말았겠는가?

경쟁이 아닌, 서로를 살리는 아름다움에 대하여!

어느 미국 백인 학교에 북아메리카 원주민 인디언의 후손들이 전학을 왔다. 몇 개월 뒤 시험을 치게 되었다. 선생님이 "얘들아, 시험 칠 준비를 하자!"고 하니, 백인 아이들은 모두 책상 가운데 책가방을 올렸다. 서로 부정행위를 못하게 하려는 행동이었다. 그런데 원주민 후손들은 자기들끼리 둥그렇게 둘러앉았다. 이를 본 선생님이 약간 화가 나서, "너희들, 뭐 하려고 그러니?"라고 따지듯 물었다. 그러자 아이들이 대답했다. "선생님, 저희는 어렸을 때부터 어려운 문제가 있으면 서로 협동해서 풀라고 배웠는데요."

 그렇다. 시험이란 단순히 암기력 경쟁이 아니라 공동의 문제를 협동해서 푸는 과정이 되어야 한다. 누가 어떤 지식이나 정보를 더 많이 아는가를 측정하는 시험은 단지 기억력이나 집중력이 뛰어난 아이를 가려내는 도구일 뿐이다. 반면에, 진실로 인간답게 살아가는 데 필요한 시험은 인간 사회가 직면한 한계와 모순, 위기와 병폐를 정면으로 뚫고 나아가는 데 필요한 지혜를 모으는 과정이어야 한다. 어떤 시험이 굳이 필요하다면, 각자 좋아하는 분야에서 키우고 싶은 실력이 어느 정도 발전하고 있는지, 그 과정을 측정하는 시험 정도다. 결코 동일한 잣대로 다른 사람과 비교해서 선착순 경쟁하듯 가려내는 일을 해서는 안 된다.

어떤 학부모는 치열한 경쟁 사회에서 아이가 살아남을 수 있는 방법을 가르쳐 주는 책이나, 한 걸음 더 나아가 최후의 승자가 되는 데 도움이 될 듯한 책을 열심히 읽어 아이에게 가르치려 든다. 전철에서 보면 『부자 아빠, 가난한 아빠』 『열두 살에 부자가 된 키라』 『마시멜로 이야기』 『성공하는 사람들의 7가지 습관』 『이기는 습관』 따위의 책을 읽는 어른이 꽤 많다. 자기 자신도 성공하고 싶지만, 하다못해 아이라도 성공하게 만들고 싶은 마음이리라. 그러나 불행하게도 얼마 지나지 않아 그 학부모는, 그런 책을 읽는 동안에만 '나도 성공할 수 있다.'는 착각에 빠질 뿐임을 알게 된다. 책을 덮고 나면 금세, 치열한 경쟁 사회에서 실업자와 노숙자, 비정규직과 해고자가 탈락자로 추방당하면서 겪는 고통이 사회적으로 증가하고 있음을 뼈저리게 느낀다. 진실은, 대부분의 사람이 그런 식으로 경쟁 논리를 내면화할수록, 우리 사회는 더불어 살기 더 힘들게 되어 간다는 것이다.

반면에, 이런 학부모도 있다. 일주일에 한 번씩 선생님을 대신하여 학부모들이 아이들을 학교 근처 숲으로 데리고 나가 자연 생태 체험 학습을 진행한다. 아이들은 자기 엄마나 아빠도 선생님이나 마찬가지임을 알게 되고, 학부모들은 선생님의 고충도 알게 된다. 아이들은 숲 속에서 신바람이 난다. 즐거운 마음과 함께 호기심이 샘솟는다. 아이들은 작은 모둠으로 나뉘어져 관찰도 하고, 교실로 와서는 생물 도감 등도 찾아보면서 관찰한 내용을 정리한 다음 모둠별로 발표도 한다. 이렇게 행복하게 자라는 아이는 나중에 커서도 자기만의 재주와 소질을 마음껏 뽐낼 수 있을 것이다.

그러나 불행히도 대부분 선생님은 자신처럼 아이들이 열심히 공부해서 출세와 성공을 하기 바란다. 그래서 성적이 좋은 아이는 더 잘하도록 채찍질하고, 중간 정도 되는 아이는 상위 그룹으로 올라가도록 채찍질한다. 아예 채찍질해 봐야 소용없다고 생각되는 아이는 그냥 무시하거나 내버려 둔다. 요즘에는 방학도 없이 아이를 훈련시키기도 한다. 이 과정에서 아이는 배우는 기쁨이나 자아를 발견하는 기쁨을 누릴 수 없다. 중간고사가 끝나면 또 기말고사나 일제고사가 기다린다. 시험의 연속이다. 암기력 테스트의 연속이다.
　내 꿈이 무엇인지, 내가 정말 하고 싶은 일이 무엇인지, 아무도 물어보지 않는다. 자신도 알 수 없다. 이런 과정에서는 늘 '오늘 행복을 내일로 미루다'가 졸업하고 취업하고, 결혼해 아이들 키우다가 한평생 다 간다. 정말 살아가는 행복을 느끼며 신바람 나는 날이 별로 없다. 그런 식으로 살다가 2세에게도 똑같은 일을 반복하도록 한다. "제발, 공부 좀 열심히 해라!"며.

　미국 캘리포니아의 윌슨 고등학교에 에린 그루웰이란 선생님이 처음 부임했다. 그루웰 선생님은 국어를 가르친다. 그루웰 선생님이 맡게 된 윌슨 고등학교 203호는 이른바 '불량 학생'의 집합소였다. 소외된 흑인, 남아메리카계, 아시아계 등 각종 유색인종 학생이 모인, '문제아' 반이었다. 초보 선생님을 아이들이 따를 리가 없었다. 사람들은 그루웰 선생님이 쉽게 포기하고 떠나리라 생각했지만 그녀는 그곳에서 4년 동안 학생들과 동고동락하며 친구기 되었다.
　그루웰 선생님이 가장 먼저 꺼낸 주제는 '인종 문제'였다. 아이들 현실이었기 때문이다. 모두 획일화된 교과서를 접고, 그 대신 책읽기와 글쓰기를 통해 관용을 배웠다. 제2차 세계대전 동안 나치의 유대인 학살을 다룬 『안네의 일기』나, 1990년대 초반 인종 갈등으로 일어난 보스니아 내전의 생존자인 줄리타라는 학생이 쓴 『줄리타의 일기』 등을 읽었다. "왜 이런 책을 읽어야 하지?"라며 거부했던 학생들도 차츰 책을 읽게 되었고, 책 속 인물과 자신 사이에 비슷한 점을 발견했다. 불량 아이들은 자신과 비슷한 절망적 상황에서도 꿋꿋이 자신의 길을 개척하는 주인공의 이야기를 통해 점점 긍정적 삶의 방법을 찾게 되었다. 그루웰 선생님은 작가와 관련된 인물이나 작가를 직접 초청하여 강연을 듣기도 했다. 또 그와 관련된 영화와 박물관도 견학했다. 특히 책 속의 인물을 직접 만나기 위해 계획한 유럽 여행은 학생들에게 큰 호응을 얻었다.

교과서에 갇힌 획일화된 교육이 아니라, 직접 경험하고 실천하고 느끼게 하는, 무엇보다 누구도 차별하지 않는 그루웰 선생님의 독특한 수업 방식에 학생들은 큰 감동을 받고 삶의 용기를 얻었다. 그루웰 선생님의 제안으로 아이들은 일기를 쓰게 되었는데, 그 이야기를 엮은 책이 바로 『프리덤 라이터스 다이어리 Freedom Writers Diary』다. 그 책은 큰 반향을 일으켰고 영화로도 널리 알려졌다.

그루웰 선생님의 이야기에서 볼 수 있듯이, 우리는 경쟁과 분열이 아니라 소통과 연대를 통해 진정으로 발전한다. 살벌한 승자독점의 시대에서 승자가 되기 위해 노력하기보다, 승자독점이 초래하는 파괴적 결과를 직시하고, 모두 함께 즐겁게 사는 '공생공락共生共樂'의 새로운 대안을 만들기 위해 지혜를 짜야 한다. 어려운 문제는 서로 협동해서 풀라고 배우는 북아메리카 원주민 인디언의 후손, 아이와 함께 손잡고 숲 체험에 나서는 학부모, 불량아나 탈락자에 대한 무한한 사랑으로 아이를 자기 삶의 주체로 세우는 그루웰 선생님, 이 모든 사례는 우리에게 새로운 대안의 힌

트와 상상력을 자극한다.

과연 우리는 평생 동안 생존경쟁만 하다가 삶의 에너지를 다 뽑힌 채 수동적으로 인생을 마감하고 말 것인가, 아니면 매 순간 더불어 사는 기쁨 속에 자기 행복과 사회 행복을 동시에 찾으면서 능동적 인생 경영을 하다가 아름답게 마무리를 할 것인가?

허지웅

"시작부터 어리석고 반복적으로 어리석고 꾸준하게도 어리석었던 10년 동안" "때때로 즐겁고 대개 혼란스러웠"다고 이야기하는, "대한민국에서 평범한 20대로 살아 버틴 기록"인 『대한민국 표류기』의 저자 허지웅. 『필름 2.0』 『GQ』 『프리미어』 등에서 영화에 관해 글을 쓰는 기자 일을 했으며, 시사지 객원기자, 라디오 코너 진행을 하는 등 다양한 매체를 아우르며 한국 문화와 정치, 사회에 대해 거침없고 솔직하게, 투덜거림과 오지랖 넓음 사이에서 덜하지도 과하지도 않게 자신만의 이야기를 하고 있다.

소비가 행복하게 해 준다고 말하면 천박한가요?

'소비는 우리를 행복하게 해 주는가?'라는 질문을 앞에 두고, 저는 하마터면 크게 웃을 뻔했습니다. 소비가 우리를 행복하게 해 줄 수 있느냐고요? 물론이지요. 애플에서 새로 나온 기기를 구입하기 위해 새벽부터 매장 앞에 줄을 서고 있는 사람들의 황홀경에 가까운 표정을 본 적이 없으신가요? 소비는 분명 그들을 행복하게 합니다. 우리를 행복하게 해 주는 것이 소비뿐이겠습니까. 출근길 대문을 열었을 때 환하게 쏟아져 내려오는 볕도 그렇고, 배를 까뒤집고 누워 야옹을 떨고 있는 고양이의 그르렁 소리도 그렇지요. 이렇듯 많은 것들이 우리로 하여금 행복이라는, 측정 불가능한 감정으로 충만하게 합니다.

하지만 사람들에게 소비가 당신을 행복하게 해 주느냐고 물어보면 의외의 대답을 들을 수 있습니다. 나는 그런 질문에 긍정할 만큼 천박하지 않다는 눈빛으로 정색을 한다거나, 손을 크게 내저으며 그렇지 않다고 말하는 경우가 대부분입니다. 그럴 때면 이 사람이 소비에 대해 정말 깊게 고민했다기보다는, 그렇게 대답해야만 상식적이고 바른 생각을 가지고 있는 사람이라고 학습받지 않았나 의문을 가지게 됩니다.

만약 소비가 행복과 무관하다면, 우리는 왜 그리 팍팍한 규율 안에서 인생을 낭비해 가며 경쟁에 몸을 던지고 있을까요. 그것도 정확히 필요한 만큼의 부가 아닌, 언제나 좀 더 많은 자산 가치와 이윤을 위해서 말이지요. 그냥 통장 잔고의 숫자를 보면 기분이 좋아서? 앞뒤가 맞지 않습니다. 이 글은 그 같은 질문에서 출발합니다.

진짜로 간절히 원하던 것을 샀나요?

먼저 질문 내용을 조금 더 정교하게 다듬어 보지요. 돈을 쓴다는 행동 자체만으로 행복을 느끼는 사람은 없으리라 봅니다. 정확히 말하면, 자신이 지불한 비용의 가치에 상응하는 무언가를 소유한다거나, 혹은 경험하는 데서 행복을 느낀다고 해야겠죠. 그렇습니다. 소비 행위를 통해 사람들은 행복을 추구합니다. 옷을 입을 수 있고, 밥을 먹을 수 있고, 영화를 보러 가거나, 책을 살 수도 있습니다. 하지만 그 개별적인 소비가 모두 행복을 담보해 주지는 않을 테죠. 자신의 선택이 마음에 들지 않을 수도 있으니까요. 그러나 만족하고 행복하기 위해 돈을 쓴다는 점은 사실입니다. 그래서 우리는 미친 듯이 돈을 벌고, 씁니다.

그런데 여기서 그 개별적인 소비가 정말 모두의 행복을 담보해 주지는 않는다는 부분이 중요합니다. 이는 사 놓고 보니 옷이 마음에 들지 않는 경우와는 다른 차원의 이야기입니다. 우리는 과연 자신에게 필요한 것을 소비하고, 또한 그것을 위해 입 안의 단내와 겨드랑이의 암내와 삐걱대는 척추의 무게감을 인내해 가며 돈을 벌고 있는 걸까요. 여러분은 어떻습니까. 여러분은 정말 자신에게 필요한 소비를 하고 계십니까?

딱히 아버지가 알려 주지 않아도 어렸을 때부터 자연히 몸에 익게 되는, 그러니까 그럴듯한 사회구성원이 되는 데 필요한 통과의례라는 것들이 있습니다. 한마디로 이 통과의례는, 어떤 시기에 무엇을 해야 하는지, 정확히 말하면, 언제 무엇을 사야 하는지, 라고 할 수 있습니다.

예를 들어 볼까요. 사람마다 조금씩 차이는 있지만, 성인이 되기 전에는 포경수술을 해야 하고, 중학생이 되면 휴대폰을 사야 하고, 결혼 전에는 청약저축을 들어 놔야 하고, 결혼 즈음에는 빚을 내서라도 자가용과 집을 장만해야 한다고 합니다. 다들 그렇게 하니까요. 그렇게 결혼을 하고, 아이를 낳고, 하루하루 돈을 벌어 빚을 갚아 나가다가, 다 갚을 즈음이면 배우자와 아이들과는 멀어지게 되고, 그러다가는 병들어 죽는 일 또한 어쩔 수 없는 관성처럼 느껴집니다. 다들 그렇게 한단 말입니다. 그런데 왜 다들 그렇게 해야 할까요? 한 번쯤 정색하고 의문을 가져 볼 필요가 있습니다.

애플에서 새로 나온 기기를 구입하기 위해
새벽부터 매장 앞에 줄을 서고 있는 사람들의
황홀경에 가까운 표정을 본 적이 없으신가요?
소비는 분명 그들을 행복하게 합니다.

© H. L. Tam

'돈이 다 무슨 소용이란 말인가.'라고 웅얼거리며, 속세를 등지고 산속으로 들어가 도인의 삶을 살라는 말은 아니에요. 지사志士가 되라는 말도 아닙니다. 나부터도 그럴 생각이 없습니다. 다시 한 번 상기해 드리자면, 소비는 우리를 행복하게 해 줄 수 있는 것들 가운데 하나입니다. 나쁘다는 뜻이 아니에요. 단지 우리가 그토록 노력해 얻어야 하는, 혹은 얻어야 한다고 일컬어지는 그것들이, 정말 필요한 것이었는지 한 번 떠올려 보자는 이야기입니다.

이를테면, 차는 우리 모두에게 반드시 필요할까요? 영업을 위해 차가 필요한 사람처럼 생계를 위한 경우는 빼고 말이죠. 그래도 모두에게 반드시 차가 필요할까요? 적어도 저는 필요하지 않습니다. 저는 차가 없어도 대중교통을 이용하여 이동하는 데 불편하지 않은 곳에서 살고 있습니다. 이 글을 읽고 있는 많은 독자 역시 그럴 테고요.

또, 요즘에는 인터넷 인프라가 잘 되어 있어서 웬만한 생필품은 모두 집에서 주문할 수 있지요. 그러니까 자전거를 타고 가기에도 애매하게 먼 곳의 마트를 반드시 가야 한다는 변명도 이유가 되지는 못합니다. 딱히 환경오염을 막겠다는 숭고한 뜻을 가지고 있어서가 아니에요. 빚을 얻어 가며 그 비싼 차를 구하고, 보험 들고, 세금 내고, 매일 기름 주고, 그렇게 피곤하게 살 이유가 없다는 뜻입니다.

저는 차를 사는 대신 가끔 피규어를 모읍니다. 주로 영화 『스타워즈』와 관련된 피규어입니다. 개중에는 비싼 피규어도 있습니다. 이 따위 것을 그 돈을 주고 사다니 정말 이해가 되지 않는다고 주위에서 말할 정도로요. 하지만 이런 피규어는 제 삶을 자동차 한두 대보다 몇 배는 더 풍요롭게 만들어 줍니다. 저는 여러 종류의 글을 기고하고 있지만 최근에는 칼럼보다 창작을 해 보려 노력하고 있습니다. 피규어는 그런 작업에 필요한 상상력도 자극해 주고, 그 위에 쌓인 먼지를 닦으면서 얻게 되는 의외의 여가도 즐겁습니다. 디브이디, 블루레이 타이틀을 구입한다거나 싼 가격에 작업실을 예쁘게 꾸미는 일도 마찬가지입니다. 제게는 그 편이 훨씬 정확한 소비죠.

그렇다면 자동차 가격만큼이나 비싼 명품 카메라를 갖고 그걸로 사진을 찍어야만 정말 행복할 수 있는 사람은 어떻게 해야 하느냐고 묻는 독자도 있겠죠. 그럼 사세요! 저는 가격에 대한 이야기를 하고 있는 게 아닙니다. 정말 필요한 것이 무엇인지 알아야 한다고 말하고 있습니다. 다만 자동차 가격만큼이나 비싼 명품 카메라를 소유하시려면 돈이 많아야겠죠. 물론 운용 가능한 범위 안에서 적절한 소비를 해야 한다는 정도의 이야기는, 이 글에서 더 이상은 얘기되지 않을, 패가망신을 피하는 최소한의 상식이고요.

요는, 정말 우리에게 필요한 것을 따지고 그에 맞추어서 소비하고 살면, 다시 말해 개별적이고 주체적인 소비를 하고 살면, 그로 인해 행복해질 수 있는 가능성이 훨씬 높아진다는 사실입니다. 남들이 사라고 하는 거 말고요. 내게 정말 필요한 것, 잘 활용하고 잘 쓸 수 있는 것, 소비함으로써 더 높은 차원의 풍요로움을 경험하게 해 주는 그것 말입니다. 궁극적으로는 체계적인 소비를 하는 인간이 되자는 이야기입니다.

그러나 사실 현대사회에서 그런 체계적인 인간이 되기란 굉장히 어렵습니다. 불가능하다고도 말할 수 있겠군요. 왜 그럴까요. "너에게는 반드시 그것이 필요하다."고 이야기하는 세상의 말이 생각보다 강력하고 효과적으로 우리를 지배하고 있기 때문입니다.

어떤 독자는 내심 걱정하고 있을지도 모르겠습니다. 자신은 애플의 아이폰도 사고 싶고 마틴 마르지엘라의 패션 신상도 갖고 싶은데, 그런 걸 탐하면 안 되나 싶어서 말입니다. 아닙니다. 저는 그런 것을 소비하고 소유하면 자본의 노예가 된다는 듯이 겁을 주는 바바리 선생님들이 마음에 들지 않습니다. 그건 폭력이지요. 자신이 운용 가능한 자산 범위 안에서 갖고 싶은 것을 소비하는 일은 지탄받을 행동이 아닙니다.

저는 독자 여러분이 무엇인가를 갖고 싶어 하는 스스로를 창피하게 여기도록 만들고 싶지 않습니다. 죄의식을 자극해서 더 나은 방식의 삶을 제시하는 사람들 대부분은, 더 나은 세상을 위해 빨리 폐기처분되어야 한다고 생각합니다. 다만 중요한 지점은, 지금 사고 싶은 그것이 정말 개별적이고 주체적인 소비의 대상인지를 검증하는 과정입니다. 사실 그게 어렵기는 합니다.

제가 여기서 하고 싶은 이야기는 바로 그 부분입니다. 우리는 왜 개별적이고 주체적인 소비라는 말을, 그저 끄덕이고 넘어가 버릴 법한 이야기로, 수사적으로만 받아들이게 될까요. 무엇이 우리를 개별적이고 주체적인 소비자가 되지 못하게 방해할까요. 우리는 왜, 우리에게 정말 필요한 것과 그렇지 않은 것을 구분하지 못하게 될까요.

뻔히 질 줄 아는 투자를 해야 한다고요? 미래를 위해서?

슬슬 거시적인 시각이 필요한 때가 왔습니다. 과연, 내 차를 사고 내 집을 사는 사람은 정말 반드시 그것이 필요해서 구입했을까요? 아닙니다. 그것을 사지 않고서는, 그것에 투자하지 않고서는 견딜 수 없게 만드는 방아쇠가 존재하기 때문에 구입했습니다. 그 방아쇠는 대부분 세상으로부터 주어집니다. 그렇다면, 왜 세상은 우리에게, 사실 따지고 보면 꼭 필요하지 않은 것들을 사야만 한다고 생각하게 만들까요. 나아가, 너희는 그것을 사지 않고서는 결코 행복해질 수 없으리라는 착각에 빠지게 할까요.

똑같이 돈을 쓰지만 소비와는 좀 다른 차원에서 쓰는 경우도 있습니다. 바로 투자입니다. 쉽게 말해, 투자란 미래의 더 큰 이익을 위해 일정 기간 동안 자본을 제공하는 일입니다. 물론 투자 자체가 나쁘다는 이야기를 하고자 함은 아닙니다. 여러분이 펀드를 하고 주식을 한다는 사실만으로 싫은 소리를 하고 싶지는 않습니다. 그보다 저는 '미래의 더 큰 이익'이라는 말이 가지고 있는 놀라운 힘을 이야기하고 싶습니다.

정말 놀랍습니다. 이 문장은 마법과 같은 힘을 발휘합니다. 실제 눈에 보이거나 잡히지는 않지만, 그래서 가늠할 수는 없지만 많은 사람이 이 단어 앞에 무릎 꿇고 현실을 희생합니다. 부동산 이야기가 나오면 골치 아프고 빤한 글이 될 듯해 망설여집니다만, 어쨌든 한국 사회에서는 많은 사람이 이 부동산에 인생을 걸고 있는 게 현실입니다. 일반적으로 부동산이야말로 가장 큰 성장 가능성을 가진 자산 가치로 이야기되기 때문입니다. 무한 경쟁을 덕목으로 생각하는 현대 자본주의 체계 안에서 '더 큰 이익을 위한 투자'라는 말은 매우 중요한 역할을 합니다. 혹시라도 이 문장의 마력에 사람들이 더 이상 매력을 느끼지 못한다면, 우리가 알고 있는 현대 자본주의 시장 체제는 상당한 수준의 수정과 보완을 해야 할 만큼요.

자, 이제 상상력이 필요한 순간입니다. 모두 지금부터 경마장을 떠올려 봅시다. 결승점에는 궁극의 행복이 기다리고 있습니다. 물론 당연하게도 결승점에 발을 들이밀어 넣어 본 사람은 극히 드물 수밖에 없습니다. 하지만 오랜 세월 동안 경마장의 운영자들은 그 결승점에 들어갔던 사람들의 이야기를 신화처럼 입에 담아 왔습니다. 그리고 저 놀라운 행복을 경험할 수 있는 소수에 들기 위해서는 뼈를 깎는 노력과 상상을 초월하는 비정함이 필요하다고 선전해 왔습니다. 우리가 아주 어렸을 때부터 아예 귀에다 들이대고 그렇게 이야기했지요.

그 결승점에 다다르려면 정말 많은 것을 사야 합니다. 롤플레잉 게임에서 더 높은 레벨로 가기 위해 비싼 무기를 사야 하는 것과 마찬가지입니다. 즉, 투자를 해야 합니다. 자립형 사립 고등학교와 명문대학교를 가기 위해 살인적인 사교육비를 부담해야 하고, 그 뒤에는 더욱 잔인한 수준의 등록금을 감수해야 합니다. 더 높은 토익 점수를 위해 해외에 유학을 다녀와도 좋습니다. 결정적으로 완벽하게 결승점에 들어가기 위해서는 부동산에 밝아야 합니다. 왜 이렇게 기를 쓰고 투자를 해야 되냐고요? 저 끝의 결승점에 반드시 들어가야 하기 때문입니다. 들어가야 한다고 모두가 이야기하기 때문입니다.

전에도 그랬고 앞으로도 그럴 테지만, 우리가 펼치는 경주에서도 역시 매우 소수의 사람만이 저 결승점에 들어가겠지요. 갈수록 경쟁은 치열해질 수밖에 없습니다. 왜 그 모든 걸 감당해야 하냐고요? 거기 들어가는 일만이 진정한 행복이기 때문입니다. 그 행복은 소수의 선택받은 자만이 영위할 수 있는 영광이기에 더 값집니다. 최소한, 경마장 운영자는 그렇게 이야기해 왔습니다.

자신이 도박을 하고 있음을 깨닫기는 참 힘듭니다

그런데 만약 사람들이 저 신화적인 궁극의 행복, 결승점에 대한 환상을 저버리기 시작하면 어떻게 될까요? 이는 약속된 미래를 더 이상 믿지 않는다는 말입니다. 그것만이 행복의 길이라고 생각하지 않게 된다는 뜻이지요. 그렇게 되면 이 거대한 경마장을 운영하는 사람들의 발등에 불이 떨어지게 됩니다. 사실 이 경마장은 결승점에 이를 때까지 참가자가 쏟아 붓는, 소비하는 돈으로 운영되고 있기 때문입니다.

 게다가 어떤 참가자들은 최종 결승점에 들어오는 승자들이 애초에 미리 결정돼 있다는 사실을 눈치채기 시작합니다. 점점 이런저런 말들이 새어 나옵니다. 그들이 더 이상 이 경마장의 유지를 위해 돈을 쓰기를 거부하고, 경마장이 제시하는 결승점을 무시하고, 이제부터 자신을 위해서 돈을 쓰겠다고 선언한다면, 이는 정말 큰일입니다.

이를 알고, 경마장을 전과 다르게 운영해야 한다고 주장하는 사람들이 가끔 있습니다. 경마장을 지속가능하게 만들기 위해서는, 더 많은 참가자에게 다양한 방식의 결승점이 가능하다는 점을 알려 주어야만 한다고 믿는 이들입니다.

앞으로는 어떨지 몰라도, 적어도 제가 이 글을 쓰고 있는 지금 그들은 그런 경마장을 운영하고 있지 않습니다. 그래서 경마장의 현재 운영자들은 사람들이 다른 마음을 먹지 않게끔 더 강력한 수단을 동원하게 됩니다. 그것은 공포입니다. 공포는 언제나 가장 효과적인 제어 수단입니다. 이 공포를 위해 경마장은 두 가지 방법을 선택합니다.

첫 번째로, 낙오자에 대한 가공할 폭력입니다. 전에는 도중에 낙오해도 그냥저냥 살 수 있었지만, 이제 낙오자는 살아남지 못한다는 이야기를 하기 시작합니다. 루저는 웃음거리가 될 뿐만 아니라, 지금까지 결승점에 이르기 위해 투자했던 대부분의 돈을 회수하지 못하게 됩니다. 쪽박을 차게 됩니다. 경마장 운영자는 그런 낙오자의 사례를 전광판에 보여 주면서 참가자의 공포를 자아냅니다.

두 번째로, 결승점을 더 좁게 만듭니다. 그 전까지만 해도 열 명이 그 안에 들어갈 수 있었다면 이제는 두 명만 들어갈 수 있습니다. 이렇게 편법으로 룰을 바꾸면서 천연덕스레 '세계화'라는 말을 사용합니다. 이제 참가자는 큰 일이 난 듯 무언가를 해야 합니다. 결승점에 가기까지 더 많은 것을 소비해야 합니다. 그것이 주체적이고 개별적인 소비인지 아닌지 따위는 고민할 시간이 없습니다. 일단 사라고 하는 건 다 사야 합니다. 그렇지 않으면 뒤처진다는 생각이 듭니다. 조금 더 빨리, 열정적으로 이 경주에 집중하지 않으면 최후의 2인에 들 수 없단 말입니다. 급기야 참가자는 더 이상 행복이 무엇이었는지조차 떠올리지 못합니다. 이 경주에서 승리하는 일만이 중요합니다. 그러는 동안 운영자의 주머니는 전에 없이 불러 갑니다.

이 경마장의 이름은 대한민국입니다. 대한민국이라 불리는 우리들의 세상입니다. 요컨대 선진 자본주의를 추구하는 우리 사회는 사실 사람들로 하여금 필요하지 않은 소비를 하게 만듦으로써 지속되고 있습니다. 그곳에서 이러한 도박 같은 세계의 문제를 깨닫는 일은, 영화 『매트릭스』에서 네오가 모피어스나 트리니티의 도움 없이 세상의 실체를 자각하는 일만큼이나 힘이 듭니다. 실태를 알게 되었더라도, 안락한 가상 세계에 머물러 있게 해 주는 파란 알약이 아닌, 지독한 현실을 알게 해 주는 빨간 알약을 먹는 용기를 내기란 거의 불가능에 가깝습니다. 불안하기 때문입니다. 불안은 사람을 괴물로 만듭니다.

제가 이 글을 쓰고 있을 때 공중파 채널에서 『아마존의 눈물』이라는 다큐멘터리가 방영됐습니다. 이 다큐멘터리에 나오는 아마존의 부족사회는 원래 자급자족이 가능한 사회였기에, 그들에게는 더 이상 아무것도 필요하지 않았습니다. 하지만 소위 문명이라는 것이 밀고 들어와서는, 너희에게는 이러저러한 것이 필요하다고 했습니다. 문명은 원래 그 땅에 살던 사람들의 삶의 터전을 밀어 버렸습니다. 나무를 자르고 그 위에 플랜테이션 농장을 열었습니다. 이제 원주민들은 전처럼 살 수가 없습니다. 이제 그 농장에 고용되어 하루 벌어 하루 먹고살 수밖에 없습니다.

이렇게 문명의 욕망은 아마존을 눈물 흘리게 만들고 있습니다. 모닥불 주위에 모여 앉아 음악을 즐기는 일만으로 충분히 행복하던 사람들에게 프랜차이즈와 텔레비전이 왜 필요할까요. 개발될 필요가 없는 사람들이 왜 개발되어야 할까요. 문명화, 선진화처럼 그럴싸한 이름의 행복이 필요하지 않았던 사람들이 왜 문명화되고 선진화되어야 할까요.

이러한 아마존의 눈물은 그저 한반도 반대편에 있는 남의 일이라 생각해 연민하고 말 일이 아닙니다. 미래의 더 큰 행복을 빌미로 한 착취는 아마존이나 한반도나 똑같은 일상이기 때문입니다. 이건 행복이 아닙니다. 행복 고문입니다.

문명의 욕망은 아마존을 눈물 흘리게 만들고 있습니다. 모닥불 주위에 모여 앉아 음악을 즐기는 일만으로 충분히 행복하던 사람들에게 프랜차이즈와 텔레비전이 왜 필요할까요.

© Sensaos

진정 나를 위해 소비할 수는 없을까요?

처음 했던 질문으로 돌아가 봅니다. 행복 고문에 시달리고 정신 없이 경주에 집중하고 있는 사람이 정작 '소비는 우리를 행복하게 해 주는가?'라는 질문에는 왜 그리 기겁했을까요. 그들에게 '소비 따위는 우리를 행복하게 해줄 수 없다.'고 생각하게 만드는 비관의 체계는 어떻게 만들어지고 작동할까요. 물론, 그들이 위선자이기 때문은 아닙니다.

사실, 그들 자신도 지금 하고 있는 경주를 원하지 않기 때문입니다. 이 판이 부조리하다는 사실도 알고 있습니다. 공포로 더욱 강력하게 요구되고 조장된 경쟁의 부작용이지요. 자신은 경주에 누구보다 열심히 참여하고 있으면서도, 운영자가 제시하는 행복의 실체에 대해 주저 없이 쓴소리도 합니다. 제가 보기에 이건 말과 행동이 다른 게 아닙니다. 그 사람들은 나름대로 최선을 다하고 있습니다.

오랫동안 물질 사회의 소비 행태에 대해 많은 이야기가 있어 왔습니다. 사람들은 표면적이기는 하지만, 소비를 위한 소비가 옳지 않음을 알고 있습니다. 더욱이 요즘처럼 강화된 경마장의 규칙 안에서는 더욱 그렇습니다. 그래서 소비와 행복을 연관 지어 말하는 데 익숙하지 않습니다. 직관적으로 거부합니다. 우리의 논의가 여기까지 온 마당에, 조금 더 선명하게 구체적으로 무엇을 거부해야 할지 지정해 보아야 합니다.

우리의 소비는 행복을 위한 하나의 수단이 될 수 있습니다. 하지만 나의 행복이 아니라, 남의 행복을 위해 조작된 체계 안에서, 개인의 행복을 위해 소비하기는 매우 어렵습니다. 그게 무엇인지조차 알아내기 힘듭니다. 그렇게 우리는 실제 존재하지 않는 미래의 더 큰 가치를 위해 착취당하고 있습니다. 그 착취의 과정에서 소비되고 있는 우리의 노력이야말로 '소비를 위한 소비'입니다. 즉, 낭비되고 있습니다.

소비가 우리를 행복하게 해 줄 수 있을까요? 네, 저는 그렇다고 생각합니다. 다만 정말 나를 위한 소비여야만 합니다. 우리가 자신을 위한 소비를 제대로 가늠해 내고 그것을 수행하기 위해서 어떤 노력을 하면 될까요. 아까도 말했듯이 그걸 혼자서 깨우치고 생각해 내기는 불가능에 가깝습니다. 그렇다면 어떻게 해야 할까요?

그렇습니다. 체계를 바꾸어야 합니다. 우리가 달리고 있는, 쓸데없는 걸 소비하게 만들고 있는 이 경주의 규칙을 바꾸어야 합니다. 체제 전복 이야기가 아닙니다. 저는 그렇게 거창한 이야기를 할 만큼 용기 있는 사람이 아닙니다.

앞에서, 더 많은 참가자에게 다양한 방식의 결승점이 가능하다는 사실을 알려 주어야만 이 경마장이 지속가능하다고 믿는 이들이 있다고 이야기했지요. 현실 세계에서 그들은 진보 계열 정당의 형태로 나타납니다. 갈수록 국민에게 더 크고 허황된 미래를 약속하고 그만큼 현실을 착취하게 만드는 행위가 잘못되었다고 이 사람들은 이야기합니다. 저는 우리의 현실 안에서 콕 짚어 그 사람들이 어떤 정당이라고 이야기할 수 없습니다. 이 글을 읽는 독자의 수만큼이나 각자의 욕망이 다르고, 자신이 원하는 경기장의 규칙 또한 다를 테니까요. 게다가 안타깝게도 그 사람들이라고 거짓말을 아예 안 하지는 않거든요. 좋은 정당을 찾는 일은 날카로운 눈으로 잘 살펴보고 감별해 내야 하는 고된 작업입니다.

하지만 한 가지는 확실히 말씀드릴 수 있습니다. 지금처럼 실용을 가장한 성장 위주의 경제 프레임은 결코 대부분의 국민을 행복하게 해 줄 수 없다는 사실입니다. 그저 극소수의 사람을 위한 행복만 있을 뿐입니다. 그 약속된 미래에서 우리는 애초에 배제되어 있습니다.

이 글을 읽고 있는 여러분이 투표를 할 수 있는 나이가 되었는지는 잘 모르겠습니다. 다만 자격이 주어졌다면, 결코 그것에 소홀하지 마시기를 바랍니다. 경기장의 규칙을 만드는 일은 곧 체계를 만드는 일입니다. 엄청난 부가 당연히 행복을 보장해 줄 듯이 말하는 사람들을 경계하세요. 그들은 실제로는 세계를 도박판으로 만들어 여러분의 돈으로 자신들의 주머니를 채웁니다.

　다른 누구도 아닌 여러분의 주머니를 배부르게 해 줄 수 있는 체계를 만드세요. 그 체계를 만들 수 있는 사람들을 선택하세요. 그렇게 규칙이 바뀌고 새로운 체계가 생기고 나면, 우리는 지금보다 훨씬 쉽게, 더불어 자연스럽게 우리의 행복에 대해 구체적으로 생각할 수 있습니다. 나의 행복을 위해서 무엇을 어떻게 얼마나 소비할지도 말입니다. 여러분이 행복했으면 좋겠습니다.

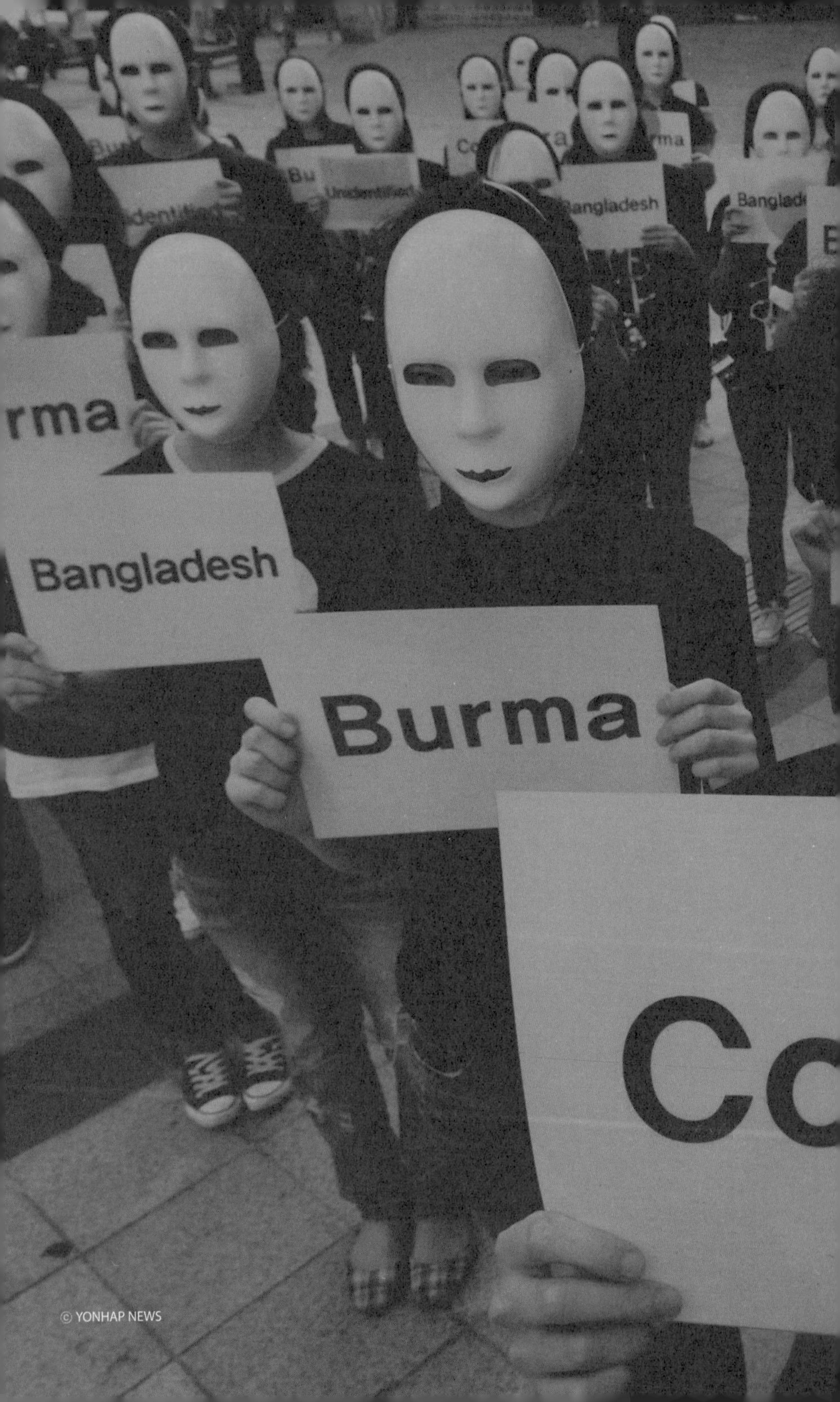
Bangladesh
Burma
Bangladesh
Bangladesh

내 편이 아니면
적일 뿐이라고?

다름을 인정할 때
세상은 아름다워져!

편 가르기 없는, 모두가 주인 되는 세상을 꿈꾸며 | 박홍규

박홍규

음악가 베토벤, 화가 고흐, 클림트, 건축가 윌리엄 모리스, 사상가 이반 일리히, 에드워드 사이드, 사르트르, 간디, 문학가 셰익스피어, 고대 철학자 플라톤과 소크라테스, 그리고 르네상스, 인디언 아나키 민주주의, 그리스 신화……. 하나만 파고들어도 벅찬 이 많은 사람과 사상, 예술에 대해 벅찬 감동과 예리한 이성으로 파고드는 진정한 르네상스인, 박홍규. 현재 영남대학교에서 법학을 가르치고 있다. 또 어떤 책으로 사람들과 이야기를 나눌지 항상 궁금하게 만드는 이다.

다름을 차별하는 우리 사회, 그리고 세계

"한국에서 다문화 시대, 100만 외국인 시대라고 하지만 그건 허울 좋은 꿈에 불과하다."

이 말은 2009년 8월 26일, 서울에서 열린 어느 토론회에서 나온 말이다. 그 자리에서 결혼 이주 여성인 한 인도인은 한국에 온 뒤로 '깜둥이', '더럽다'라는 따위의 온갖 놀림에 시달린 나머지 이제는 "자녀를 갖고 싶지 않다."라고 했다. 또 15년 전 파키스탄 남성과 결혼한 어느 한국 여성의 두 아들은 '다문화 가정 자녀'라는 말에 질색을 한다고도 했다. 그 말이 한국에서는 곧 결핍, 소외, 왕따, 학습부진아와 결부되어 있기 때문이다.

또한 어느 필리핀 이주 노동자 여성은 입국 때부터 임신 및 에이즈 검사 등을 받아 인종적 성적 차별을 당하고 "이주 노동자들을 임시적이고 1회용적인 존재로 취급한다."라고 했다. 그리고 콩고 출신 한 사람은 2002년 입국해 난민 신청을 했는데 그때 함께 온 유럽인과 미국인 난민 신청자는 한두 달 만에 난민 자격을 받았으나 자신은 6년이 걸려 난민 자격을 받았고, "일도 집도 의료보험도 없는 검은 피부의 난민들은 이 공장 저 공장 돌면서 '흑인 여성들은 어떻게 생겼는지 보자'라는 등 업주의 성희롱에도 시달리고 있다."라고 했다.
— 『경향신문』, 2009년 8월 27일자

이런 이야기는 이제 그리 놀라운 이야기도 아니고 어제오늘의 이야기도 아니다. 벌써 오래전부터 우리는 이주민과 그들의 가족을 거리에서, 마을에서 자주 보아 왔고, 그들이 인종적·성적·연령적·경제적·정치적·사회적 차별을 당하고 있다는 이야기도 자주 들어 왔다. 뿐만 아니라 혼혈인이라는 이유로 차별을 당하는 경우도 많다.

이 글을 쓰는 나는 이주민에게 그런 차별을 직접 가하는 입장에 있지는 않으나, 내가 출입국관리사무소 직원이거나 난민 관계 공무원이거나 외국인 노동자를 고용하는 사용자라면 마찬가지로 그런 차별을 했을지도 모른다. 마음은 그렇지 않다고 해도 법과 현실이 그러니 어쩔 수 없다고 스스로를 합리화하면서 말이다. 또, 마음속으로는 백인은 좋아하고 심지어 우러러보면서 흑인이나 아시아인 같은 유색인종은 싫어하고 경멸하는 편 가르기와 차별하기에 젖어 있을지도 모른다. 그래서 백인과는 사귀기 좋아하면서 흑인 등 유색인종과는 함께 있는 것 자체를 싫어할지도 모른다. 실례일지 모르지만, 어쩌면 이 글을 읽는 여러분 역시 마찬가지일지도 모른다.

믿기 싫은 사실이지만 실제로 우리 모두가 이러하다면, 이는 우리 각자의 인격 문제만이 아니라 우리 사회와 역사의 구조 문제일지도 모른다. 우리는 우리나라가 한민족이라는 단일민족으로 이루어진 나라라고 배워 왔다. 설령 그것이 역사적인 사실이라고 해도(역사적으로 일본, 중국, 거란, 여진, 말갈, 심지어 아랍계 등의 피가 섞여 있다는 견해도 있다.) 그 때문에 우리가 다른 민족이나 나라에 대해 배타적인 태도를 갖는 일이 당연한지 한 번 생각해 볼 필요가 있다. 우리는 입버릇처럼 "양놈"이니 "검둥이"니 "왜놈"이니 "되놈"이니 말하는데, 이 역시 그런 배타주의의 산물이다.

이처럼 우리는 우리와 다른 민족에 대해서 배타주의를 갖고 있지만, 그 양상은 조금씩 다르다. 특히 백인은 우월하고 유색인종은 열등하다는 생각이 그러하다. 이처럼 유독 백인에 대해서만 다른 방식으로 편 가르기를 하는 이유는 무엇일까? 이는 우리가 어릴 때부터 학교에서나 일상생활에서 백인이 세계 역사의 중심이라고 배우고, 백인을 닮으려고 애써 온 탓이 크다.

실제로 우리가 자주 접하는 영화와 소설, 학문은 대부분 백인이 만들고 백인이 주인공인 경우가 많다. 물론 지금은 많이 달라졌지만, 그래도 여전히 우리가 미디어를 통해 접하게 되는 세계적인 배우와 가수는 백인이거나 백인의 닮은꼴, 백인에 가까워진 유색인종이다. 오랫동안 우리가 봐 온 세계 위인 전집의 단골 인물 역시 대부분 백인이다. 이런 상황에서는 백인을 숭상하지 않는 일이 오히려 이상할 정도다.

반면 유색인종은 미디어나 학문, 예술 세계에 거의 등장하지 않고, 등장한다고 해도 사악한 범죄자이거나 열등한 존재로 나오는 경우가 많다. 이러니 유색인종을 경멸하고 두려워하는 것은 어쩌면 당연한 일일지도 모른다. 실제로도 우리 주변에서 유색인종의 범죄에 대한 뉴스를 가끔 접하지만 백인의 범죄에 대한 이야기는 상대적으로 적다. 결국 우리는 흑인 등 유색인종이 범죄를 저지르는 성향이 크다고 쉽게 생각한다. 그러나 실제 통계를 보면 반드시 그렇지도 않다. 문제는 그렇게 생각하게 되어 버렸다는 점이다.

이러한 편 가르기와 차별하기가 우리나라만의 문제는 아니다. 전 세계적으로, 인류 역사의 처음부터 지금에 이르기까지 그렇다고 해도 지나친 말은 아니다. 미국 하버드대학교 정치학 교수였던 새뮤얼 헌팅턴은 『문명의 충돌』에서, 공산주의와 자유민주주의의 냉전이 끝난 뒤 세계는 종교를 중심으로 한 "문명의 충돌" 시대에 접어들었고, 인류의 역사를 쭉 살펴보아도 문명의 충돌이라고 볼 수 있는 사례가 많았다고 했다.

그러나 『문명의 충돌』에서 특히 강조한 이슬람 문명과 기독교 문명의 충돌은, 9.11 사태에서 보듯 문명 자체의 충돌이라기보다는 그 문명의 극히 일부인 극단주의자의 충돌에 지나지 않는다는 사실을 되새길 필요가 있다. 헌팅턴은 이슬람 문명이 특히 호전적이어서 9.11 사태를 빚었다고 보았으나, 이는 진실이 아니다. 기독교 문명이 만들어 낸 하나의 편견에 불과하다. 더구나 이슬람 문명이나 기독교 문명 모두 근본적으로는 평화를 사랑하는 종교라는 점을 생각해 본다면, 이는 더욱 분명하다. 또한 우리가 유색인종을 차별하는 경우를 봐도, 이는 서로 다른 문명 사이의 충돌에서 빚어진 일이 아니다. 그 기준이 인종이든 문명이든 간에, 그러한 차별은 어느 한쪽은 우월하고, 또 다른 한쪽은 열등하다는 편견에서 비롯되었을 따름이다.

더군다나 그러한 편견은 우월한 쪽은 참되고, 선하고, 아름다운 반면, 열등한 쪽은 거짓되고, 사악하고, 추악하기에, 무시되고 학대받고 착취당하더라도 당연하다는 잘못된 가치관까지 만들어 낸다. 또한 상대적으로 백인은 잘살지만 흑인 등 유색인종은 그렇지 않다는 점 역시 이러한 편 가르기와 차별하기에 크게 영향을 끼쳤다. 즉, 잘사는 백인은 우수한 인종이고, 그렇지 못한 흑인 등 유색인종은 열등한 인종이라는 편견까지 갖게 되었다.

나는 작년 여름에 한 달 동안 인도를 여행했다. 이때 함께 여행한 사람들은 한 달 내내 인도 사람을 보고는 "깜둥이" "더럽다" "못산다" "게으르다" "약속을 지키지 않는다"고 비난했다. 이에 비해 백인과 마찬가지로, 아니 백인이 3백 년 동안 이룩한 경제 발전을 30년 만에 이룩한 우리는 너무나도 훌륭한 민족이고 나라라고 자찬했다. 심지어 인도가 너무 더러워 도저히 여행을 할 수 없다면서 돌아간 사람도 있었다. 끝까지 여행을 한 사람 가운데서도 한국으로 돌아갈 때 "지옥에서 천국으로 가는 기분"이라고 말한 이도 있었다.

　이러한 편견은 물질주의 성향이 특히 높은 우리나라의 경우 더욱 큰 힘을 발휘한다. 서울대 사회학과 장덕진 교수의 연구 결과를 보면, 우리나라 국민 가운데 '개인과 국가 모두 성장이 중요하다'라고 답한 물질주의 성향의 비율은 59퍼센트로 미국(46퍼센트), 스웨덴(39퍼센트), 일본(37퍼센트), 멕시코(35퍼센트)보다 높은 반면, 물질주의에 반하는 가치의 비율은 7퍼센트로 미국(15퍼센트), 스웨덴(21퍼센트), 멕시코(22퍼센트), 일본(23퍼센트)의 절반에도 못 미친다.(『경향신문』, 2009년 9월 1일자)

　우리는 여기서 질문을 던져야 한다. 어느 나라, 어느 민족을 싸잡아 우월하다, 열등하다고 나눌 수 있을까? 또, 과연 잘산다는 것, 물질적 부가 우열을 정하는 기준이 될 수 있을까?

　물론 잘산다고 꼭 나쁘다는 뜻은 아니다. 어느 정도의 물질은 인간의 생존에 반드시 필요하므로 물질주의적 성향이 전혀 없어서는 곤란하다. 그러나 도가 지나치면, 특히 물질로 인간의 가치를 구별한다면, 그것은 아주 큰 문제다. 그러한 경우, 외국에서 우리나라에 일하러 온 사람은 못사는 나라 출신이고, 우리에게 빌어먹으러 왔다는 식으로 차별하면서도 아무런 죄책감도 못 느끼게 된다. 결국 이처럼 백인, 황인, 흑인으로 나누고 차별하면 인종차별주의, 민족이나 국민(국가)을 이유로 차별하면 각각 민족차별주의나 국민(국가)차별주의라고 부를 수 있다.

인종, 민족, 국가의 정체는 무엇인가?

인종이란 유전학적인 모든 특징을 공유하는 집단을 말한다. 이러한 인종은 생물학적 구분일 뿐, 풍속·습관과는 관계가 없다. 이에 비해 민족은 문화적 구분으로, 인종, 언어, 풍습, 종교적 기원 등을 공유한다. 민족 구성원은 유전적 또는 문화적으로 비슷하다고 여겨지지만, 반드시 그렇지만도 않다. 이를 상상의 공동체로 보는 사람도 있다. 또한, 일반적으로 민족 구성원은 강력한 역사적 영속성을 주장하지만, 학자들은 소위 민족 유산이라고 불리는 문화적 특징 가운데 대부분이 근대에 만들어졌다고 보고 있다. 그리고 국가는 정치적 구분으로, 일정한 영토와 거기에 살고 있는 사람으로 구성되고, 주권에 의한 하나의 통치 조직을 가지고 있는 사회 집단을 말하는데 이것도 근내에 형성되었다.

결국 문제는 인종, 민족, 국가 자체가 아니라, 그것을 하나의 이데올로기로 만든 인종주의, 민족주의, 국가주의다. 인종차별 또는 인종차별주의는 사람들이 인식하고 있거나 그렇다고 믿고 있는 '인종'을 근거로 다른 이들을 차별하는 이념을 말한다. 이는 인류를 여러 인종으로 나누어야 의미 있다고 생각하면서, 특정 인종에 대한 적대감을 드러내는 배타주의라고 할 수 있다. 인종차별주의는 다른 인종은 자신과 다르거나 자신보다 못하다는 생각이 의식이나 무의식 가운데 나타난 이념이라고도 볼 수 있다.

한편 민족주의는 민족, 국민 또는 민족적 정체성을 사회 조직의 근본적인 단위로 삼는 이념으로, 민족이 국가를 합리화하는 유일무이한 근간이라거나 개별 민족은 국가를 형성할 권리가 있다고 주장한다. 그러한 국가를 민족국가라고 한다. 민족주의는 극단적으로 민족 청소의 형태를 취하기도 한다. 민족주의를 영어로 내셔널리즘nationalism이라고 하는데, 이는 국가주의라고도 번역된다. 국어사전을 보면 '국가의 공동체적 이념을 강조하고 그 통일, 독립, 발전을 꾀하는 주의'라고 풀이되어 있다. 좀 더 짧고 명확하게 얘기하자면, 개인을 국가 구성원인 국민으로 강조하는 이념이라고 할 수 있다.

사실 인종주의, 민족주의, 국가주의는 칼로 자르듯이 구분되기 힘들며, 서로 연관되어 있고, 그 가운데서도 인종차별의 역사는 오래되었다. 서양 정신사의 뿌리라고 할 수 있는 그리스·로마 신화에서도 그런 경향이 나타난다. 그러나 세계적인 차원에서 인종차별은 서양 근대의 '민족', '국가'라는 것과 함께 본격적으로 그 모습을 드러내었다. 특히 그것은 군사력과 경제력으로 무장한 식민주의자의 침략과 함께 확대되었다.

인종차별주의에 따르면, 백인은 다른 인종에 비해 정치적·경제적·문화적·종교적으로 월등하고, 혼혈에 의해 그 우월한 인종이 더럽혀진다는 것이다. 이러한 우열 논리가 민족에 적용되면 민족주의, 국가나 국민에 적용되면 국가(국민)주의가 된다는 점에서 이 셋은 서로 연관되고, 일치하는 경우도 많다.

실제로 식민주의자는 우열 논리에 근거하여 자신의 정치·경제·사회·문화를 식민지에 강요했다. 그렇게 자신의 문명을 식민지에 심는 일은 식민지 사람들에게는 역사적인 행운이라고 선전했다. 나아가 그러한 행운을 거부하고 식민지화에 반대하는 식민지 민중의 저항을 문명화에 어긋나는 야만주의라고 비난했다. 따라서 그것을 탄압하는 일은 문명화를 위한 자신들의 사명이며, 식민지가 문명화되기 위해 당연히 지불해야 할 희생이라고 주장했다. 그러나 그것은 경제적 착취에 불과했고, 식민지 민중에게는 평등한 법적 권리를 부여하지 않고 일방적으로 희생의 의무만을 강요했다. 일제 강점기에 일제가 우리에게 똑같은 주장과 행동을 했음은 두말할 필요가 없다.

그러한 식민주의자의 사고방식은 그저 옛이야기일 뿐일까? 이제 우리에게는 그러한 우열 논리가 없을까? 앞서 살펴보았듯이 우리는 스스로를 인도인보다 우수하다고 여기고, 한국에 사는 인도인을 차별하고 있다. 그렇다면 이는 우리에게 그러한 사고방식이 잠재되어 있기 때문은 아닐까? 우리에게도 역시 문명과 야만의 구별이 있고, 특히 그 차이는 잘사는 데 초점이 맞추어져 있지 않은가? 만일 지금이 19세기 같은 시대라면 우리가 인도를 비롯한 못사는 나라들을 식민지로 개척한다는 데 반대하는 국민이 과연 얼마나 될까? 일제로부터 독립하고 6.25 전쟁을 겪은 지 20년도 안 된 때에 우리도 베트남 전쟁에 군대를 보냈다. 물론 미국의 식민지 전략인 베트남 전쟁에 편승한 측면이 있기는 하지만, 그 파병이 식민주의와 전혀 무관한 일이었다고 할 수 있을까? 곰곰이 생각해 볼 일이다.

게다가 인종주의, 민족주의, 국가주의는 단순히 정치적 차별과 억압의 차원에서만 볼 수 있는 문제가 아니다. 실제로 그 이념들은 의학, 생물학, 유전학, 정신의학, 인류학, 역사학, 고고학, 법학, 인구학 등 다양하게 학문적인 차원에서도 정당화되었다는 사실을 간과해서는 안 된다. 물론 나치즘의 붕괴 이래 인종 내지 민족에 대한 과학은 과학이 아니라 범죄로 간주되어 붕괴됐고, 지금은 대부분 쓰레기로 무시된다. 하지만 19~20세기에 인종주의, 민족주의, 국가주의가 과학을 전면에 내세우면서 등장해 나치즘에서 그 정점에 도달한 뼈아픈 역사적 사실을 잊어서는 안 된다.

또한, 제2차 세계대전 이후에도 인종차별, 민족차별, 국가(국민)차별은 없어지지 않았다. 1960년대에는, 외국인에 대한 입국 관리를 엄격하게 하고, 가능한 한 자국으로 조속히 귀국하게 하며, 법적으로 평등한 여러 권리를 부여하지 않는 정책이 전 세계를 휩쓸었다. 현재 우리나라 외국인 정책이 바로 그와 비슷한 모습이다.

이러한 새로운 인종주의, 민족주의, 국가주의는 예전처럼 우열을 이유로 내세워 차별하지 않는다. 그보다는 문화적인 다름을 이유로 들면서, 자신과 다른 인종, 민족, 국가가 문화적·도덕적·사회적으로 자국의 민족국가적 정체성을 위협한다고 본다. 즉, 흑인을 비롯한 유색인종을, 쉽게 주어지는 사회적 지원에 의존하고, 가족 붕괴를 방치한 채 일을 게을리하면서, 개인의 책임과 노력을 중시하는 백인의 문화적·도덕적 가치를 손상시키는 존재라고 본다.

하지만 이러한 태도는 문화란 특정한 나라의 민족이 고유하게 갖고 있는 것이며, 따라서 다른 문화와 섞일 수 없다는 배타적인 생각을 밑바탕에 깔고 있기에 차별로 이어질 가능성이 크다. 바로 이러한 생각에서부터, 한국에 있는 외국인 가정에서 태어난 아이는 한국 문화에 자연스럽게 동화될 능력이 없다거나 훈련을 시켜야 한다는 주장이 나오게 된다. 또, 한국인이 일본이나 미국에서 태어나도 일본인이나 미국인이 아니라 한국인일 뿐이라는 견해 역시 마찬가지다. 이와 반대로 외국인이 한국에서 태어나도 한국인이 아니라 외국인이라는 생각을 갖게 되면, 이는 바로 인종차별주의로 연결될 수도 있다.

차이를 만들어 내는 이러한 논리는 예전의 폭력적 탄압과는 달리 교묘한 문화주의로 위장되어, 겉으로는 폭력적이지 않은 차별의 모습을 띤다. 하지만 오히려 더욱 깊고 지독한 소외를 만들어 낸다. 앞서 얘기했던 "깜둥이!" "더럽다!" 같은 주변의 놀림에 시달려 이주 여성이 이제 "자녀를 갖고 싶지 않다."라고 하거나, 외국인과 결혼한 한국 여성의 아들이 '다문화 가정 자녀'라는 말에 질색하게 되는 현상은 이를 잘 보여 주는 예라고 할 수 있다.

다름을 차별하는 수많은 폭력은 왜 일어나는가?

인류의 역사에서 인종, 민족, 국가의 이름으로 자행되어 온, '다름'에 대한 폭력은 그 예를 다 들기도 힘들 만큼 많고, 이는 곧 심각한 인간 파괴 행위와 다름없다. 그 가운데 가장 대표적인 예는 제2차 세계대전 때 나치가 저지른 유대인 학살이다. 1945년 1월 폴란드 아우슈비츠의 유대인 포로수용소가 해방될 때까지 600만 명에 이르는 유대인이 인종 청소라는 명목 아래 나치에 의해 학살되었다. 이는 인간의 폭력성, 잔인성, 배타성, 광기가 어디까지 갈 수 있는지 극단적으로 보여 주었다는 점에서 20세기 인류 최대의 치욕적인 사건으로 꼽힌다.

그러나 이러한 과거의 예보다, 앞으로 우리에게도 나타날 수 있는 일들이 더 중요하다. 우리나라에서도 사회 변동이나 경제 위기로 인해 개인이나 집단이 급격한 몰락을 겪고 사회로부터 분리되는 현상, 즉 심각한 배제의 위협을 맞닥뜨리고 있다. 아직까지는 미국이나 유럽에서처럼 인종차별로 인한 대규모의 폭력 사태

우리가 다른 민족이나 나라에 대해 배타적인 태도를 갖는 일이 당연한지 한 번 생각해 볼 필요가 있다.
우리는 입버릇처럼 "양놈"이니 "검둥이"니 "왜놈"이니 "되놈"이니 말하는데, 이 역시 그런 배타주의의 산물이다.

까지 불러오고 있지는 않다. 하지만 미국이나 유럽에서 생겨난 그러한 사례가 우리와는 전혀 무관하리라고 장담할 수도 없는 상황이다.

개인이든 집단이든 사회적 지위와 장소를 상실하거나 몰락을 맞닥뜨리게 되면 누구든 그것을 두려워하게 되고, 몰락과 배제의 위험으로부터 벗어나고자 희망하게 된다. 그들은 대부분 노동에서 배제된 노동자, 생산물을 더 이상 팔 수 없게 된 농업 생산자, 미국의 도심지나 프랑스 교외 같은 지역에 거주하면서 흑인이나 이민자와 같은 생활환경에 처하게 된 이들이다.

그런데 사회적 지위를 상실하고 몰락의 위기에 내몰린 이들은 자신이 몰락하게 된 원인을 찾아 공격하고자 한다. 그 표적으로 삼는 대상은 다름 아닌, 이미 오래전부터 지금 자신과 비슷한 처지에서 살아오던 이들이다. 바로, 19세기말 미국 남부 농촌 지대나 1910년 이래 북부 대도시 공업 지대에 들어온 흑인, 현대 프랑스 교외의 이민자 같은 존재 말이다. 상실과 몰락의 위기에 내몰린 이들은 바로 이런 흑인이나 이민자가 자신들이 누려야 할 것들을 **빼앗아서** 자신들이 몰락했다고 생각한다. 그런 박탈감은 대규모 인종차별적 유혈 폭력 사태까지 불러오기도 한다. 하지만 이는 개인과 집단의 몰락에 대한 정당한 인식이 아닐 뿐더러, 다름을 차별하는 폭력일 뿐이다.

도대체 이렇게 심각한 편견은 왜 생겨날까? 1930년대 이루어진

한 연구에 의하면, 흑인에 대한 편견은 백인이 흑인을 직접 접촉했기 때문이 아니라, '흑인에 대한 우월감을 보이는 태도'와 접촉하면서 생겨난다고 한다. 즉, 인종에 대한 편견으로 가득 찬 인격은, 유년기에 체험한 불만과 성인이 된 뒤에 겪게 되는 여러 어려움을 거치면서 적대감으로 변하고 공격성으로 연결된다는 것이다. 그런데 문제는 그러한 공격 성향이 집단 내부의 백인에게로 향하지 않고 모두가 혐오하는 대상, 스스로는 뚜렷한 방어 수단을 갖고 있지 못한 흑인에게 향한다는 점이다.

그 뒤의 연구들은 흑인에 대한 무지와 이해 부족이 전형적인 왜곡으로 나타나고 그로 인해 억압적인 편견을 갖게 된다고 분석하기도 했다. 또한 가정과 학교 교육을 통해 형성되는 권위주의적인 성격이 편견을 낳는다고 본 연구도 있었다.

어떤 까닭이든, 이 보는 편견과 차별, 폭력은 결국 '다름'을 인정하지 않는 태도, '다름'을 '옳지 않음', 또는 '열등'함과 동일선상에 놓고 보는 데서 비롯된다는 점만은 분명하다.

또한 앞에서 보았던 흑인이나 이민자에 대한 폭력은 '잘사는 것'에 대한 거부가 아니라, 거기에서 배제됨에 대한 거부이고, '잘사는 것'에 참여한 다른 개인이나 집단에 대한 적대일 뿐임을 잊어서는 안 된다. 이는 사실 차별을 바탕에 깔고 있는 자본주의의 주요한 요소인 근대적인 생활, 금전, 고용, 소비, 교육 등을 긍정하고 지켜 내려는 데서 비롯한다. 이처럼 기존의 것을 지키려는 보수주의는 이러한 '잘사는 것'의 추구와 큰 문제없이 결합되어 있다가, 특별한 정치경제적 위기 상황에서는 폭력적인 인종주의로 돌변할 가능성을 항상 갖고 있다.

나는 글을 시작하면서 "한국에서 다문화 시대, 100만 외국인 시대라고 하지만 그건 허울 좋은 꿈에 불과하다."라는 기사의 한 부분을 인용하였다. 이어, 그 기사에는 "15년 전 파키스탄 남성과 결혼한 어느 한국 여성의 두 아들은 '다문화 가정 자녀'라는 말에 질색을 한다고도 했다. 그 말이 한국에서는 곧 결핍, 소외, 왕따, 학습부진아와 결부되어 있기 때문이다."라며 허울뿐인 다문화주의의 폐해를 지적하는 대목이 나온다.

하지만 원래 다문화주의는 다양한 언어, 문화, 민족, 종교 등을 통해서 서로의 정체성을 인정하고 함께 어우러질 수 있는 사회적 질서를 뜻한다. 반면 동화주의는 다민족, 다문화 사회의 통합에 효과가 없을 뿐더러, 오히려 분쟁의 원인이 될 수 있는 이념이다. 동화주의는 언어, 문화, 종교적 차이로 인한 소수의 정치적·경제적 불평이 자칫 사회적 불안을 일으킬 수 있다고 봐서, 강제로 통합시키려 하기 때문이다. 하지만 언어, 문화, 종교는 이성적으로만 판단할 수 없는 생활의 일부이며 본능적인 것이기에, 동화주의가 주장하듯이 그러한 다양성을 강제적으로 억제한다면 오히려 사회적 갈등과 분열을 초래할 수 있다는 성찰이 필요하다.

차별 없이, 모두 주인 되는 세상에 살기 위하여

 차별 없는 세상을 회복하기 위해서, 수많은 국경으로 갈라진 여러 국가를 없애야 한다는 이도 있다. 또는, 자본주의나 산업화 생산양식을 없애거나, 아예 문명을 거부하자는 주장도 있다. 하지만 그렇게 국경을 없애고 수많은 국가가 없어진다고 해서 세계가 밑바탕부터 하나가 될까? 지금 같은 차별이나 배제 없이 모두가 자유롭고 평등한 세상에 살 수 있을까?
 사실 구체적인 대안을 내놓는 일은 이 글의 몫을 넘어서는 문제다. 하지만 차별을 낳은 문명이나 자본주의나 산업화 생산양식과는 다른, 자유롭게 자치하며 자연에 따르는 삶 자체에 대해 반대 의견을 낼 사람은 없으리라고 본다. 그렇다면 우선 우리는 그런 자유외 자치, 사연의 삶을 만들고 앞당기는 삶의 태도, 행동 양식은 무엇인지 고민해야 한다.
 서로의 차이, 서로의 문화, 다름을 인정하는 다문화주의의 본래 뜻을 살리면서, 인류가 아무런 차별 없이 모두가 주인 되는 세상에 살고자 한다면, 우리는 어떤 사고방식과 행동양식을 가져야 하는가? 그러자면 우리는 어떻게 변해야 하는가?

 이를 한마디로 말하자면 모든 사람을 '동포로 환대하는 삶'이라고 할 수 있다. '동포'는 '한 배에서 태어난 사람'이라는 뜻을 갖고 있는 말로, '남북동포' '사해동포' 같은 말처럼, 국경으로 구분된

다른 사람을 같은 민족이나 인류로 생각한다는 뜻으로 쓰인다. 또, '환대'라는 말은 국어사전에 '정성껏 후하게 대접한다.'고 풀이되어 있다. 즉, 배제나 차별과는 반대되는 말이라고 할 수 있다.

사실 그리 멀지 않은 옛날 우리 어른들은 물론이고 우리와 닮은 미국 인디언이나 비문명 원시 사회의 사람은 모두 서로를 동포로 여겨 환대하는 삶을 살았다. 동포로 환대하기보다 지금처럼 경쟁자로 여겨 서로를 배제하고 차별하는 삶을 산 지는 그리 오래 되지 않았다. 하지만 그런 아름다운 옛날로 완전히 되돌아가기는 쉽지 않아 보인다. 차별의 문화가 너무도 빠르고 깊게 우리 삶을 지배하고 있기 때문이다. 그렇지만 그런 차별 없는 세상이 어떠한 모습인지 알고, 닮고자 배울 필요는 있다. (자세한 내용을 알고자 하면, 내가 쓴 『인디언 아나키 민주주의』나 존 저잔이 엮은 『문명에 반대한다』 같은 책을 참고하기 바란다.)

무엇보다도 먼저 차별을 남의 문제가 아니라 우리 자신의 문제로 생각할 수 있어야 한다. 지금 내가 누군가를 차별하지 않는다고 해도 그럴 가능성이 있음을 염두에 두고 차별을 자신의 일상적인 문제로 생각할 줄 알아야 한다. 자신이 차별을 하고 있을지도 모른다는 회의적인 자의식을 언제나 가지고, 가능한 한 자신이 남을 차별하지 않는 열린 마음을 가져야 한다. 결국 차별이란 우리 자신의 문제이기 때문이다. 우리 각자가 차별을 없애겠다는 각오 없이는 차별은 궁극적으로 없어지지 않는다. 물론 사회적인 차별을 없애기 위한 법이나 정책이나 제도의 개선은 필요하다. 그러나 그러한 개선도 결국은 우리 자신들의 마음이 변하지 않고서는 불가능하기 때문이다.

넘쳐나는 자유가
우리를 구원할 거라고?

실패할 자유,
패자부활전이 있는
사회가 아름다워!

신자유주의 사회, 자유의 진짜 얼굴 | 엄기호

엄기호

사회학과 대학원을 졸업하고 유학을 준비하다 우연히 국제연대 운동을 하는 단체의 제안을 받고 미련 없이 한국을 떠나, 한동안 아시아를 중심으로 남미에서부터 유럽까지 신나게 세상을 돌아다녔다. 한국에 돌아와서도 여전히 아시아를 중심으로 '경계를 넘는' 연대와 인권, 아이들과 세계를 연결하는 교육 문제에 관심을 갖고 여기저기 들쑤시고 다닌다. 요즘은 대학에서 학생들과 함께 '진리와 맞서 사유를 확장하는' 수업을 실험하고, 우리신학연구소와 인권연구소 창을 중심으로 개인의 권리를 넘어 인권 담론을 급진화하는 데 열중하고 있다.

대학만 가면, 어른만 되면 자유로울까?

진아는 새 학기가 시작되면 고3이다. 그리 공부를 잘하는 편이 아니어서 부모님은 늘 걱정이다. 부모님은 "네가 하고 싶은 게 무엇이냐?"며, 종류와 상관없이 부모로서 열심히 지원해 주겠다고 한다. 하지만 진아 자신이야말로 자기가 무엇을 잘할 수 있을지 잘 모르겠다. 어떤 때 생각하면 패션 디자이너가 좋을 듯하고, 또 어떤 때 생각하면 제빵학원 같은 곳을 다니고도 싶다. 딱히 내가 무엇을 좋아하고 무엇을 잘할 수 있는지에 대해서 영 자신이 없다. 그래서 공부하라는 소리보다 더 듣기 힘든 소리가 "네가 하고 싶은 게 뭐야?"는 질문이나.

진아가 잘하는 거. 그건 사실 친구들이랑 놀고 이야기하는 거다. 친구들은 진아를 많이 좋아한다. 그래서 지난번 은혜가 가출을 했을 때에도 진아에게 전화를 했다. 엄마가 죽도록 밉고 다시는 집에 들어가기 싫다는 은혜를 구슬리기도 하고 야단도 쳐서 집으로 돌려보냈다. 그 때문에 학교 보충수업을 빠질 수밖에 없었는데, 엄마에게 독서실에 갔다고 거짓말을 했다가 들통이 나서 아빠에게 이빨이 흔들리도록 뺨을 맞았다. 부모님을 속였기 때문이란다. 속이려고 해서 속인 것은 아닌데.

부모님은 늘 "지금은 친구가 세상 모두이고, 걔네가 없으면 지구가 무너질 듯이 생각되겠지만, 대학에 들어가 보면 완전히 달라진다."고 한다. 대학에만 들어가면 자유라고. 연애도 마음대로 할 수 있고, 친구랑 어울려 다니는 일도 마음대로 할 수 있다고.

자유! 청소년은 그것이 없기 때문에 친구도 마음대로 못 사귀고 연애도 할 수가 없다. 대학에 가야 성인이 되고, 성인이 되어야 자유를 얻을 수 있다. 자유는 성인만의 특권이다. 남의 간섭을 받지 않고 자기 인생을 자기 마음대로 할 수 있는 것, 그것이 자유다.

이제 곧 대학 2학년이 되는 성관은 날마다 머리가 지끈지끈거린다. 대학 들어와서 일 년이 지났는데, 뭐 하고 살았나 싶다. 날이면 날마다 선배와 동기 손에 이끌려 술집을 전전했다. 지방에 있는 대학이라 누구의 간섭도 안 받고 동기들 자취방에서 날이면 날마다 술잔치였다. 성관이 대학에 와서 누린 자유는 술 마시고 망가지는 자유밖에 없었다. 물론 미팅이나 소개팅, 연애를 할 자유도 있었다. 이 두 가지에 대해서는 아무도 뭐라고 하지 않았다. 술과 연애, 이것은 대학생이 누릴 수 있는 특권인 양 누구나 다 이해한다고 고개를 끄덕거렸다.

그런데 술과 연애 말고는, 대학에 오면 누릴 줄 알았던 다른 자유는 없었다. 성관도 고등학교 다닐 때까지는 자기가 무엇을 좋아하고 무엇을 해야 할지를 잘 몰랐다. 그래서 대학에 가면 좀 더 자유롭게 여유를 가지고 자기 진로를 탐색할 줄 알았다. 고등학교에서야 정보도 부족하고 조언을 구할 사람도 적었지만, 대학에 들어오면 좀 더 구체적으로 자기 적성과 진로를 고민해 볼 수 있으리라고 생각했다.

그러나 그것은 착각이었다. 고등학교를 다닐 때에는 대학에 가면 자유로워진다고 하더니 대학생에게는 더 여유가 없다. 좀 더 시간을 가지고 내가 나의 삶을 계획하고 기획하고 수정하는 일이 자유라고 한다면, 대학에서는 오히려 그런 자유가 더 없다. 1학년 때부터 취직에 대한 공포에 시달린다. 학점 관리해야 하고 영어나 외국어 열심히 익혀야 하고, 거기에 덧붙여 여러 가지 인턴 체험까지 해야 한다. 소위 말하는 '스펙 쌓기'다. 사회에서 탈락하지 않기 위해서 해야 할 일이 너무 많다.

선배들은 그걸 몰랐느냐는 반응이다. 자유란 그저 주어지지 않는다고, 자유에는 책임이 따르는 법이라고 한다. 자유로운 사람은 스스로에게 주어진 자유에 대해 책임질 줄 알아야 한다는 말이다. 책임은 자유의 다른 이름이다. 그래서 선배들이 만사가 귀찮아질 때 군대를 가는 모양이다. 성관도 확 군대를 가 버릴까 싶다. 군대를 다녀오면 나이도 들 테니, 자아실현이니 뭐니 하는 잡생각은 그만하고 현실에 적응하며 잘 살아가지 않을까 싶다. 이런 고민이 들 때가 군대에 갈 적기라고 이야기하는 선배도 있다. 책임이라는 말이 너무 지겹다 보니 대학생들은 이구동성으로 말한다. 우리에게 어떤 자유가 필요하냐고요? 실패할 자유요!

내 삶을 내가 결정하기 위한 자유의지라고?

흔히들 자유가 자아실현에 필수라고 생각한다. 내가 무엇이 되고 싶어 하는지, 그것이 되기 위해서는 무엇을 준비해야 하는지 정하는 일은 온전히 나의 의지에 의해서 이루어져야지 남의 강요에 의해서 이루어져서는 안 된다고 생각한다. 이처럼 나의 삶을 나의 의지대로 결정하는 일, 그것이 바로 자유다. 이 자유가 주어지지 않은 사람을 노예라고 부르며, 노예는 자신의 의지대로 움직이거나 살아갈 수 없다. 노예는 주인에게 종속된 사람이며, 주인이 시키는 대로 해야 한다. 이에 반해 남의 의지가 아닌 나의 의지를 관철시킬 수 있는 삶, 그것이 자유인의 삶이다.

인간은 이 자유를 얻기 위해 오랫동안 싸워 왔다. 로마에서는 검투사가 제국에 맞서 싸운 스파르타쿠스의 난 같은 사건이 있었고, 한국에서는 고려 시대에 "왕후장상의 씨가 어찌 따로 있느냐?"며 왕과 노비 모두 인간이라고 주장하려다 실패한 노비 만적의 난이 있었다. 한국의 3.1 운동 같은 많은 독립 운동도 자유를 위한 투쟁이었다. 한 민족의 운명을 다른 민족이 결정하고 좌지우지하지 않고 그 민족 스스로가 정해야 한다는 민족자결주의 역시 민족의 자유를 얻기 위한 투쟁이었다. 이처럼 귀족에 맞서 노예가, 제국주의에 맞서 식민지 백성이, 남성에 맞서 여성이 싸워서 얻으려고 한 것은 "내 운명은 내가 개척하겠다!"는 권리다.

자유는 삶에 대한 주권이다. 주권을 가진 자는 권리의 주체이며 그 주권은 법으로 보장된다. 즉 권리의 주체는 법의 주체이기도 하다. 권리를 가진다는 것이 법적인 주체가 된다는 말은 약간 어려울 수 있으니 좀 자세히 살펴보자.

앞에서 얘기했던 진아는 청소년이기 때문에 아직 법적인 주체로 인정되지 않는다. 그래서 진아에게는 아직 투표권도 없으며, 찜질방도 밤 열 시가 넘으면 부모님과 동행하지 않고 혼자나 친구들하고만은 갈 수 없다. 휴대폰을 개통하는 일처럼 돈이나 재산과 관련된 결정도 부모님의 동의가 필요하다. 아직 온전한 자유의 주체로 인정되지 않고 있다. 그래서 나이의 차이는 조금씩 있지만 대부분 나라에서 청소년은 온전한 인간, 즉 자기 삶에 대한 권리의 주체로 인정받지 못한다. 대신 권리가 없는 만큼 법적인 책임도 지지 않는다. 초등학생은 범죄를 저질러도 아예 처벌을 받지 않고 열여섯 살 이전에는 교도소가 아닌 소년원에 가는 이유도 이들이 아직 법적인 주체가 아니기 때문이다.

반대로 대학생이 된 성관의 경우에는 이제 완전히 자신의 권리에 대한 주체로 인정받는다. 그래서 자기 삶에 대해서 이제 온전히 자신의 의지대로 결정을 내릴 수 있다. 또한 자기 사생활에 대한 자유와 권리도 주어진다. 법적으로 성관의 사생활에 대해 침해하고 간섭할 수 있는 사람은 아무도 없다. 성관은 자기 사생활의 주체이며, 이것은 법의 이름으로 신성하게 보호된다. 대신 그 결정에 대해서는 자기가 책임을 져야 한다. 다른 사람이 열심히 공부하고 취직 준비할 때, 성관이 배낭여행을 가고 자아 탐색을 하여 취직 경쟁에서 낙오된다면 그에 대해서는 성관 스스로 책임 져야 한다. 자유의 주체는 곧 책임의 주체다. 자기가 선택한 일은 자기가 책임지고 감당해야 한다. 그것이 바로 자유의 결과다.

선택의 여지가 없는 상황에서, 자칫 삶이 위험해질 수도 있지만 그것을 감수하면서도 선택을 하는 일은 분명 위대한 자유이며, 자유인의 위대한 선택이다. 성관이 취직을 위해 남들이 다 하는 스펙 쌓기를 하지 않고, 친구를 돌보고, 자아를 탐색하기 위해 배낭여행을 하고, 이러저러한 경험을 한다면, 그것은 용기 있는 일이다. 그러나 이러한 성관의 선택이 부모나 친구의 염려처럼 극단적으로 꼼짝없이 사회로부터 낙오된다는 뜻이라면, 그 사회를 자유로운 사회라고 말할 수 있을까?

이는 개인이 자유로운 선택을 할 수 있다고 해서 곧 그 사회가 자유롭다는 뜻이 아님을 잘 말해 준다. 개인이 자유롭다고, 해방되었다고 선포되었지만, 그 자유의 결과인 책임을 완벽하게 개인에게 떠맡김으로써 '개인으로부터 자유로워진 사회'는 전혀 자유로운 사회가 아니다. 그런 사회에서 개인의 자유는 '굶어 죽을 자유'와 다름없다.

공포, 자유의 다른 이름

이런 사회를 우리는 지구 곳곳에서 여전히 만날 수 있다. 필리핀 중부에 있는 오리엔탈 네그로스라는 섬으로 한 번 떠나 보자. 이 섬에서는 오래전부터 사탕수수를 키우는 대농장이 주된 사업이었다. 몇 명 되지 않는 대지주가 섬 전체의 땅 대부분을 소유하고 있었고, 섬 주민 대부분은 스페인의 식민 통치가 시작된 500년 전부터 대대로 농노의 신분을 유지하고 있었다. 농노란 농민과 노예의 중간쯤 되는 존재다. 이들은 농사를 짓고 그 수확물로 먹고 살면서 결혼하여 자기 가정을 이루는 자유는 있기에 농민이라고 할 수 있었지만, 자기 마음대로 이동하거나 다른 직업을 구할 자유는 없기에 노예라고도 할 수 있었다. 대신 지주는 이들의 생명에 대해서는 책임을 져야 했다. 농노는 지주의 재산이라고도 할 수 있기에 흉년이 들거나 농사일이 없는 농한기에도 지주는 농노에게 적당량의 식량을 제공하였다. 좋은 직업을 얻거나 신분을 상승시킬 기회는 없었지만 동시에 굶어 죽을 염려도 없었다.

그런데 1970년대에 이르러 사태가 완전히 바뀌었다. 세계 곡물 시장에서 설탕 값이 폭락하면서 변화는 시작되었다. 설탕 값 폭락 이후 지주에게 사탕수수 농장과 농노는 골칫거리로 전락하였다. 결국 대지주는 대대적으로 농노를 '해방'시키기로 했다. 농노에게 자유 liberty를 준다고 했다. 땅이야 묵히더라도 도망을 가지 않고, 그 땅에서 소출이 없더라도 먹고살 만큼 돈이 풍부한 지주에게, 농노는 그 자체로 돈만 나가는 구멍이기 때문이었다.

농노에게 이는 신분 해방이라고 할 수 있었다. 한순간에 농노는 자유인이 되었다. 더 이상 지주에게 속박되어 복종해야 할 필요도 없었다. 그러나 이는 곧 농노가 지주에게 의지하지 말고 알아서 먹고살아야 한다는 뜻이기도 했다. 반면에 지주는 더 이상 농한기에 농노를 책임지지 않아도 되었다.

이렇게 사탕수수 대농장의 농노는 노동자로 신분이 바뀌었지만, 대부분의 사탕수수 농장은 더 이상 수지타산이 맞지 않아서 폐쇄되었고, 문을 연 농장도 농한기에는 노동자를 고용하지 않았다. 노동자가 된 농노는 농한기에 먹고살 길이 없어졌고, 농한기가 되면 노동 능력이 있는 대부분의 노동자는 근처 도시로 뿔뿔이 흩어졌다. 평생 사탕수수 대농장에 터를 잡고 살던 사람들이 점점 사탕수수 농장 바깥으로 밀려났다. 도시로 갈 차표라도 구할 수 있는 사람은 대도시의 빈민가로 흘러들어 갔고, 그 돈마저 없는 사람은 해변가로 밀려났다. 하지만 대도시라고 이들에게 직장이 있을 리가 없었다. 많은 노동자가 점점 먹고살기 힘들어졌다. 아버지들은 알코올 중독이 되었고, 그 사이 열 살 갓 넘긴 여자아이들은 사창가로 팔려 갔다. 지주에게 의지하지 않고 자신의 의지대로 자기 삶의 운명을 개척한다는 자유, 그것은 대부분의 농노에게는 '굶어 죽을 자유'일 뿐이었다.

이러한 '굶어 죽을 자유'가 먼 나라, 못사는 나라만의 이야기는 아니다. 얼마 전 학교를 그만둔 준석의 이야기 역시 '굶어 죽을 자유'를 잘 보여 준다. 준석이 일 년 동안 계약직 기간제 교사로 일했던 그 학교는 모교이기도 했다. 준석은 서울에서 손꼽히는 대학을 졸업하고, 교사가 되기 위해 교육대학원까지 다녔다. 교사가 자신의 천직이라고 늘 생각해 왔기 때문이다. 그러나 막상 교육대학원을 졸업하고 나서 보니, 교사가 되는 길은 낙타가 바늘구멍을 들어가기보다 더 힘들었다. 임용고시를 봐야 하는데 그 경쟁률은 상상을 뛰어넘었다. 그 즈음 운 좋게 자신의 모교에서 기간제 교사로 일해 볼 생각이 없느냐는 제안이 들어왔다. 흔쾌히 수락했다. 꿈에도 그리던 교사 일을, 그것도 모교에서 시작한다니 더없이 신났다.

그러나 막상 교사가 되고 나자 준석에게 떨어진 일은 온갖 잡무뿐이었다. 가뜩이나 남자 교사가 부족하다 보니 무슨 용달 센터 직원처럼 부림을 당했다. 게다가 준석은 계약직 기간제 교사였기 때문에 불평불만을 늘어놓기도 힘들었다. 법의 보호를 받는 정규직 교사와는 달리 교장의 눈 밖에 나서 '이제 그만 나오셔도 됩니다.'라는 한마디면 그걸로 끝이었기 때문이다.

이것이 바로 노동의 자유화라는 이름으로 일어나고 있는 일의 실체다. 준석에게 자유란 위에서 이야기했듯이 '법의 보호 아래서 권리의 주체가 되는 일'이 아니었다. 준석에게 자유란 법의 바깥으로 밀려나고, 아무런 권리도 갖지 못하고 전적으로 교장의 자유의사에 자신의 삶 전체가 내맡겨진다는 뜻이었다. 준석은 자유라는 이름으로 모든 권리를 박탈당한 노예와 다름없는 자신의 신세를 발견할 수 있었다. 이에 저항한다면? 그 순간 준석은 해고되고, 굶어 죽을 자유만 가진 빈털터리가 될 수밖에 없다.

한국교육개발원의 통계에 따르면, 이런 기간제 교사는 중등학교의 경우 2000년 전체 교원의 5퍼센트 정도였는데, 2009년에는 10퍼센트 대까지 올라갔다. 대신 교사 정원은 2008년부터 2년째 동결되어 제자리다. 즉 정규직 교사의 숫자는 늘리지 않으면서 기간제 교사만 늘린 셈이다. 정부에서는 2010년에 청년 실업 문제를 해결하기 위해 교육 부분에서 새로운 일자리를 7만여 개 만들겠다고 하였지만, 알고 보면 그 대다수가 기간제 교사나 인턴 같은 비정규, 임시직이다. 장애 학생을 위한 특수 교사의 경우, 전국에서 1000여 명을 늘려 달라고 하였지만, 정작 정부가 늘려 준 인원은 60명에 불과하다. 이러한 풍경이 바로, 편법으로 이루어지고 있는 일자리 자유화의 진짜 모습이다.

자본주의 초창기에 서구에서 일어났고 지금도 제3세계 곳곳에서 일어나고 있는 농노의 자유에 대한 이야기나, 지금 전 세계 노동자가 다 겪고 있는 준석과 같은 비정규직의 자유에 대한 이야기는 이러한 자유에서 과연 누가 자유로울 수 있는지 묻게 만든다. 지주는 농노를 해방함으로써 다른 사람의 자유를 억압할 자유는 잃었지만, 자기 재산을 보호하고 마음대로 처분하고 변경할 수 있는 완벽한 자유를 얻었다. 대신 농노는 속박된 신분에서 해방되는 근본적인 자유는 얻었지만, 생존과 관련된 다른 모든 자유를 잃었다. 기간제 교사의 이야기 역시 마찬가지다. 물론 '노동자도 자유롭고 유연하게 자신의 능력에 따라 일자리를 자유롭게 옮겨 다니면서 자신의 몸값을 올릴 수 있다.'고 말은 한다. 이 말에 따르면 노동자는 자유롭다. 그럴 듯한 자유다. 하지만 여기서 진짜 자유를 누리는 사람은 누구인가? 교장과 고용주뿐이다. 자유롭게 옮길 수 있다는 말 뒤에는 자유롭게 자를 수 있다는 말이 숨어 있다. 그들은 언제든 자신이 원할 때 자유롭게 노동자를 해고할 수 있다. 교장에게 찍소리도 못하는 준석 같은 기간제 교사처럼 대부분 비정규직은 자신의 존엄과 노동을 지키기 위한 다른 모든 자유는 다 잃고 말았다.

자, 이제 다시 물어 보자. 자유의 이름으로 '굶어 죽을 자유'를 얻은 농노나 기간제 교사가 자유로운가, 아니면 더 이상 이들을 보살피지 않아도 되기 때문에 돈을 아낄 수 있게 된 지주와 고용주가 자유로운가? 농노를 해방하고 노동을 자유화함으로써 진짜 자유로워진 사람은 누구이며, 자유의 이름으로 자유는 온데간데 없이 생존의 위협을 받고 그 위험에 대해 책임을 온전히 떠맡게 된 사람은 누구인가?

농노가 사회로부터 자유로워졌다는 말은 사회 역시 사람에 대한 책임으로부터 자유로워졌다는 뜻이다. 신분 해방 liberty과 더불어 이제 사회는 굶어 죽건 말건 개인의 삶에 대해서 아무런 책임을 지지 않아도 된다. 사회가 개인에 대해 져야 할 책임은 그저 '그를 내버려 두는 것'이다. 사회의 압박으로부터 자유로워졌을 때 개인은 해방감을 느끼지만, 사회가 개인을 돌보아야 할 책임으로부터 자유로워졌을 때 개인은 탈락과 죽음에 대한 공포를 느낀다. 아무도 남을 돌보아 주지 않기 때문이다.

1등이 되기 위한 필사적인 노력, 자기계발의 자유

자유란 허허벌판에 내팽개쳐지는 것이다. 따라서 해방되어 자유를 얻은 농노나 준석의 삶을 지배하고 있는 정서는 체념과 공포다. 세상에서 아무런 값어치도 없는 쓰레기가 되었다는 자괴감, 아무리 노력해 보았자 자신의 삶이 더 나아질 수 없다는 체념. 그가 얻은 자유란 아무런 일자리도 찾을 수 없을 때 알코올 중독에 빠져 자기 자신의 몸을 망칠 자유와, 술값을 벌기 위해 자기 딸을 사창가에 팔아 치울 자유다. 해방된 사람은 그가 아니라 지주이며 사회다. 그는 자유란 이름으로 자기의 선택에 대한 무한한 책임을 부여받았고, 지주와 사회는 자유를 부여했다는 명목 아래 어떠한 책임으로부터도 면제되었다.

사회가 자유로워진 대신 사람들은 공포에 지배당하고 있다. 진아가 그토록 갈망하던 자유를 손에 넣은 성관의 정서를 지배하고 있는 것도 탈락에 대한 공포다. 아무도 자신을 돌보아 주지 않으며 자신의 삶은 자신이 챙겨야 한다는 이야기를 성관은 아침부터 저녁까지 듣는다. 그래서 성관은 사치스럽게 자신의 취향이 무엇이고 적성이 무엇인지를 돌볼 여유 따위는 가질 수 없다고 생각한다. 자신이 하고 싶은 일을 생각하고 탐색하는 일이 시간 낭비가 되고, 그러다가는 우리 사회로부터 영원히 추방될지 모른다는 공포가 성관 같은 한국의 대다수 대학생과 청년의 삶을 지배하고 있다. 죽을힘을 다해 사회가 시키는 대로 해도 취직이 될지 안 될지 아무도 장담하지 못하는 시대다. 언제 내가 쓸모없는 존재, 잉여인간으로 추락할지 모른다.

따라서 이 시대의 자유란 내 자유의지의 실현이 아니다. 사회에서 살아남아 내 인생을 책임지기 위해서 죽도록 나를 계발하고 상품으로 내놔야 하는 자기계발의 자유다. 성관이 자아를 찾기 위해서 방황하려고 할 때 주변 사람들이 기를 쓰고 말렸던 이유가 바로 이것이다. 남들처럼 학점이나 토익 점수부터 인턴 경력, 다양한 수상 경력까지 관리해야 하는 때에 무슨 자아 탐색을 위한 방황이란 말인가? 그러한 방황이란 이 사회에서 살아남기 위해 성관이 부여받은 유일한 자유인 자기계발을 포기하는 일인데 말이다.

우리 시대의 자기계발은 자아실현과는 상관이 없다. 오히려 자기계발은 자기관리의 다른 말이라고 할 수 있다. 우리는 외모에서 인맥, 자기 시간까지 철저하게 효율적으로 관리해야 한다. 그럴 때에만 자신이 우리 사회에서 살아갈 가치가 있음을, 자신이 가진 자유를 쓸모 있게 효율적으로 쓰고 있음을 증명할 수 있다. 만약 이를 방기하거나 실패한다면 그것은 자기계발에 가장 필수적인 자기관리 능력도, 의사도 없음을 스스로 밝히고, 자발적으로 우리 사회에서 탈락하겠다고 말하는 꼴이다. 우리의 자유는 오로지 자기관리를 위해서만 허용되어 있다.

외모를 가꾸고 성형수술을 하는 일이 아름다워지겠다는 '자아실현'의 욕망이 아니라, '자기관리' 능력을 인정받아 살아남아야 한다는 절박함의 문제가 된 지도 오래다. 뚱뚱한 몸매가 문제가 되는 이유는 단지 비만 때문이 아니다. 뚱뚱한 응시자는 면접관에게 자기관리에 실패한 나태하고 방만한 사람으로 여겨진다. 자기관리에 실패한 사람이 어떻게 회사를 관리해 나갈 수 있겠느냐는 말을 면전에서 듣고 퇴짜를 당한 선배들의 생생한 경험담이 대학가에는 유령처럼 떠돌아다닌다. 그러니 모두가 필사적으로 다이어트에 매달릴 수밖에 없다.

고등학생 미란은 혹독할 정도로 다이어트를 해 왔지만, 물만 먹어도 살이 찌는 듯해 괴롭다. 미란에게 자신의 몸은 저주의 대상이다. 식욕을 참지 못해 계획에 없는 간식이라도 먹으면 바로바로 토하는 일은 기본이다. 여기서 더 나아가 방학이면 다이어트를 위해 모든 친구와 연락을 끊기도 한다. 만나면 뭐든 먹어야 하고, 먹으면 그것이 모두 살로 가기 때문이다. 학생들은 몸매 관리의 최대 적은 친구라고 입을 모아 이야기한다. 자기 몸을 저주하고 욕망을 죄악시하며 친구도 끊어야 하는 것, 이것이 바로 자기관리의 실체다.

사실 자기관리와는 거리가 먼 성관의 방황에도 다른 샛길이 하나 있다. 자신의 방황을 자기계발의 기회로 활용하면 된다. 이것이 바로 성관의 자유가 농노의 자유와 다른 점이다. 농노는 굶어 죽을 지경에 처해 있는 데 반해 성관은 여전히 자유롭다. 성관이 배낭여행을 한다고 곧 굶어 죽을 지경에 처하지는 않을 테고, 재수가 좋으면 자신의 진정한 취향과 재능, 진로를 발견해서 인생 대박을 터트릴 수도 있다. 성관이 인생의 모험가가 되어 자아에 대한 탐색을 하더라도 이를 사회에서 살아남기 위한 자기계발로 돌리기만 한다면, 성관은 사회에서 추방되는 대신 오히려 큰 환영을 받을 수도 있다.

성관의 자아실현이 지향해야 하는 다른 이름, 사회를 탓하지 않고 자기계발에 열중하는 사람, 우리는 그러한 사람을 기업가라고 부른다. 그래서 우리 사회는 위에서 살펴보았듯이 대학생이 진로 탐색을 위해 다른 일을 할 때 '방종' '철딱서니 없는 짓' '시간 낭비'라며 비난하다가도, 이런 도전은 '모험가 정신'이라며 칭찬하고 격려하기도 한다. 모험가야말로 자신의 삶을 걸고 인생 한 방을 노리며, 실패를 두려워하지 않고 그 실패에 대해 책임질 줄 아는 사람이라고. 이때 그는 진정 실패와 낙오에 대한 공포로부터 자유로운 사람으로 언제나 타의 모범이라며 칭찬받는다.

텔레비전만 켜면 나오는 〈인간극장〉 같은 프로그램에 나오는 사람이 바로 그들이다. 이들은 자신이 노동자일 경우에도 결코 노동자처럼 행동하지 않는다. 사회가 자신에게 어떠한 기회도 주지 않을 때 그것을 한탄하며 스스로를 망쳐 버리는 것이 농노의 자유였다면, 모험가는 기회가 없음을 한탄하지 않고 스스로 기회를 만들어 행동하는 자기계발의 자유를 활용한다. 자신이 가진 재능과 재주를 계발하기 위해 끊임없이 노력하고 시간과 자원을 효율적으로 선택하고 배분하고 책임진다. 개인을 자유롭게 하여 개인으로부터 자유로워진 사회에서 이들은 단지 하나의 사례가 아니라, 우리 모두가 따라가야 할 표준이며 모범이다. 1등과 기업가만 기억하는 더러운 세상이다.

개같이 벌어서 정승처럼 쓸 자유

다른 모든 자유는 사라지고 자기계발이라는 새로운 족쇄만 남은 자유, 그 자유를 거부하면 곧바로 '굶어 죽을 자유'가 주어지는 공포에 '쩐' 사회가 사람들에게 내놓은 달콤한 사탕은 바로 '소비'다.

우리는 다른 모든 자유를 박탈당한 대신 소비를 통해 욕망을 추구할 수 있는 자유를 얻었다. 지금 당장 대형할인마트에 가 보라. 그곳에는 지구 곳곳에서 날아온 온갖 상품이 넘쳐난다. 이 상품에는 계절, 국경, 날씨, 지리의 제한이 없다. 한겨울에도 바나나, 사과, 귤, 복숭아, 포도 등이, 사계절 내내 모든 과일이 넘쳐나고 있다. 돼지고기도 부위별로 삼겹살은 프랑스에서, 족발은 벨기에에서, 무엇은 또 라틴아메리카에서 날아왔다. 소비를 통해서 인간은 시간과 공간의 제한을 완전히 정복한 듯 보인다. 대형할인마트는 서울이며, 런던이며, 뉴욕이며 또한 동시에 필리핀이고 칠레다. 그곳에는 모든 계절과 공간이 한꺼번에 다 모여 있다.

이 대형할인마트에서 나는 자유를 가졌다. 나는 모든 권리를 가지고 있으며, 주인이자 왕이 될 수 있다. 내가 하고 싶은 일은 무엇이든 할 수 있으며, 이곳에서 일하는 모든 사람은 나를 위하여 존재한다. 내가 하는 조그마한 불평 하나에도 전체 시스템이 움직인다. 누군가의 목이 달아날 수도 있다. 모든 점원이 노예라도 된 듯 내 앞에서 굽실굽실한다. 그 누구도 나에게 화를 낼 수 없으며 웃고 받들어 모셔야만 한다. 이곳에서 나는 이 사회의 주인, 아니 왕이 된 듯 군림할 수 있다. 이곳에서 나는 다른 사람의 자유 위에 군림함으로써 자유인이 된다. 소비자가 되어라. 소비자만이 진정으로 자유를 누릴 수 있다. 오로지 소비할 때만 우리는 자유인이 된다.

그래서 우리는 더더욱 미친 듯이 일을 해야만 한다. 소비자가 되기 위해서는 돈이 필요하기 때문이다. 따라서 돈을 버는 일터에서는 점점 더 자유와 권리가 없어지더라도 감수해야 한다. 그곳은 자유의 공간이 아니기 때문이다. 개같이 벌어서 정승같이 쓰라는 옛말처럼, 돈을 벌어야 하는 곳에서는 인간의 존엄이나 자유 따위는 생각하지 말아야 한다. 잘리고 싶지 않으면, 아니 대형 할인마트에서 왕처럼 군림하는 소비자가 되고 싶으면, 돈을 버는 일터에서는 개가 되어야 한다. 돈만을 바라보고 시키는 대로 하거나 남 따위는 돌보지 말고 그저 먹이를 향해서 달려들어야 한다. 그곳에서 박탈당한 자유에 대한 보상은 시장에 있다. 그곳에서 나는 정승, 아니 왕처럼 대접받을 수 있다. 시장은 우리를 자유롭게 한다.

소비자는 힘이 세다. 드라마의 줄거리를 바꾸는 일쯤은 문제도 아니다. 극의 전개상 원래 죽을 수밖에 없었던 사람도 살아나고, 이혼하기로 되어 있던 부부가 갑자기 화해하기도 한다. 뿐만 아니다. 리얼리티 쇼와 같은 곳에서 출연자를 살리기도 하고 죽이기도 하는 일은 전적으로 시청자에게 달려 있다. 천하에 두려운 것 없이 잘 나가던 세계적인 골프 스타 타이거 우즈를 보라. 그가 스캔들을 일으키고 그것이 언론을 통해 대서특필되고 팬과 시청자의 외면을 받자마자 그는 졸지에 나가떨어졌다. 시청자는 하늘의 별도 떨어뜨릴 수 있다. 그래서 이들은 단지 소비자가 아니라

이 대형할인마트에서 나는 자유를 가졌다.
나는 모든 권리를 가지고 있으며, 주인이자
왕이 될 수 있다. 내가 하고 싶은 일은 무엇이든
할 수 있으며, 이곳에서 일하는 모든 사람은
나를 위하여 존재한다.

© Sarah M. Balcomb

생산하는 produce 소비자 consumer라는 뜻에서 프로슈머 prosumer라 불린다.

미국에서 스타를 발굴하는 대표적인 리얼리티 쇼 〈So, you think you can dance〉에서 스타에 도전하는 사람을 탈락시킬 권한은 전적으로 시청자에게 있다. 도전자는 춤만 잘 춘다고 살아남을 수 있지는 않다. 춤과는 상관없이 시청자에게 매력적으로 다가갈 수 있는 외모와 성격을 갖고 있어야 함은 물론이고, 더 나아가 살아온 역사까지 시청자에게 다가갈 수 있어야 한다. 예전에는 국가와 다른 사람의 간섭으로부터 자신의 사생활을 지키기 위해 자유가 필요했다. 하지만 이제는 자신의 사생활조차 매력적으로 상품화시켜야지만 시장에서 살아남을 수 있다. 소비자는 단지 상품만이 아니라 그 상품을 둘러싼 이야기와 그 이야기가 주는 감동까지 소비하기 때문이다.

소비자가 모든 것을 만들어 간다는 말은 우리 모두를 으쓱하게 만든다. 내가 참여하고, 내가 통제하며, 내가 수정하는 듯 느껴진다. 문자 그대로 내가 주체가 된 듯하다. 그런데 정말 그런가? 사회와 국가는 다시 한 번 자신은 책임에서 자유롭다고 손을 씻는다. 누가 선택했는가? 소비자 당신이다. 소비자이자 생산자로서 당신이 이것을 만들었고, 사회와 국가 자신은 그저 그것에 서비스를 제공해 주기만 한다고 말한다. 한마디로 프로슈머라는 칭찬만 던져 주고 자신은 이윤만 챙긴 뒤 책임에서는 교묘하게 빠져 나가는 꼴이다. 자유에 기반한 사회는 마지막 순간까지 이처럼 교묘하다. 자유를 무기로 사회는 그 어떠한 경우에도 개인의 삶에 대해 책임지려고 하지 않는다.

야구장만큼 실패할 자유가 있는 세상을 꿈꾸자

이 글에 등장한 필리핀 사탕수수 노동자부터 리얼리티 쇼 출연자에 이르기까지, 그들의 이야기는 지금 이 사회의 자유는 자유가 아니라 족쇄에 불과함을 잘 보여 주고 있다. 탈락의 공포에 찌든 사회에 무슨 자유가 있는가? 패자부활전이 없는 사회에 무슨 자유가 있단 말인가? 가장 자발적으로 보이는 순간조차도 공포에 의한 강제 동원에 불과하다. 이런 자유를 가지고는, 자유의 기본 가운데 기본인 내 사생활조차도 제대로 지킬 수 없다.

자유는 이처럼 위험해져 버렸다. 그렇다면 우리는 자유를 버려야 할까? 천만의 말씀이다. 자유는 여전히 중요하다. 자유는 인간이 자아를 발견하고 실현하기 위해 무엇보다 소중한 가치다. 이제 우리는, 인간은 그냥 내버려 둔다고 자유로워지지 않는다는 사실을 발견했을 뿐이다. 따라서 이제 인간이 진정 자유롭기 위해서는 사회에 더 많은 책임을 요구해야 한다. 사회는 사람들이 자신의 취향과 재능, 의지를 발견하고 그것을 성장시켜 사회에 참여하고 기여할 수 있는 자유를 보장해 주어야 한다. 실험하고 실패하더라도 그것이 곧바로 탈락을 뜻하지 않는 사회가 우리에게는 필요하다. 우리는 공공연하게 요구해야 한다. 실험하고 실패할 자유와 권리에 대해서 말이다.

이 지점은 특히 청소년과 대학생에게 중요하다. 사회는 청소년과 대학생에게도 1등과 성공 신화만을 강요하고 있다. 이렇게 강요하는 이들은 청소년과 대학생의 삶의 특징이 성공과 1등이 아니라 실패와 실험임을 이해하지 못하고 있다. 그렇지 않은가? 어떻게 내가 평생 무엇을 하며 살아가면서 삶의 의미를 발견할지를 한 방에 일사천리로 찾을 수 있는가? 어쩌면 나를 발견하는 과정은 평생이 걸릴지도 모르는데 이것을 단 한 번에 결정하고, 그 다음부터는 뒤도 돌아보지 말고 오로지 1등이 되기 위해서 죽어라고 앞으로만 뛰어가라고 강요할 수 있는가? 우리 사회는 이처럼 1등만 기억하기 때문에 꼴찌들이 하는 실험과 실패를 보장하기 위해 어떤 대책이나 보장이 필요한지를 전혀 생각하지 않고 있다.

실험하고 실패할 자유와 권리를 가지기 위해서는 무엇보다 생활에 대한 기본적인 보장이 있어야 한다. 유럽의 예를 들어 보자. 유럽에서 대학생은 광범위한 국가의 재정적 지원을 받을 수 있다. 프랑스 같은 나라에서는 학비가 거의 공짜임은 물론이고 대학생에게 주택보조금도 지불한다. 공부를 하면서 자기를 탐색하고 온전한 개인이 되기 위해서는 자기만의 공간이 필요하기 때문이다. 네덜란드 같은 나라에서는 중고등학생을 포함하여 대학생은 주말을 제외한 주중에 기차의 2등칸을 공짜로 이용할 수 있다. 학생이 주중에 기차를 타고 돌아다니는 일을 학습과 자아 발견의 하나로 여기고 있기 때문이다. 학생이 무슨 돈이 있다고 공부하러 다니는 데도 돈을 내야 하는가? 당연히 그것은 사회가 보조해 주어야 한다고 이들은 생각한다. 학생이 이런 탐색을 잘해서 자기의 재능을 발견하고 그것을 갈고 다듬어야 나라에도 도움이 된다고 이들은 생각한다. 이렇듯 생활에 대한 기본적인 보장이 있기 때문에 이 나라 학생은 어느 정도 여유를 가지고 자기가 하고 싶고 잘할 수 있는 일이 무엇인지를 계속 실험하고 발굴할 수 있다.

그러나 우리는 어떠한가? 우리 사회에 실험하고 실패할 자유와 권리가 있는가? 그 권리를 가능하게 하는 생활에 대한 보장이 있는가? 없다. 우리 사회에서 인생은 한 방이다. 절대다수의 인생은 대학 입시를 어떻게 치르는가에 따라 그 앞날이 정해진다. 간혹 예외도 있다. 자기 스스로 엄청난 노력을 통해서 성공 신화를 만든다거나 기획사를 통해서 연예인이 된다거나 혹은 로또를 통해서 인생 역전을 이루는 경우이다. 성공 신화, 연예인, 로또, 이 모든 경우는, 수학적으로 불가능한 일이 마치 다수의 많은 사람에게도 가능한 일인 양 속이는 사탕발림이다. 수학의 확률만 제대로 알고 있어도 절대 하지 않는 일이 로또다. 유럽에서 대학생에게 교통비며 주택보조금이며 여러 가지 혜택을 주는 이유도 인생에서 자기가 좋아하는 일을 선택하고 갈고 다듬는 일이 도박이어서는 안 되기 때문이다. 인생이 로또가 되어서는 안 된다. 인생 역전 한 방처럼 한 번에 떼 부자가 되고 한 번에 쫄딱 망하는 한 그 사회에는 도박만 있을 뿐 실험과 도전, 그리고 패자부활전은 존재하지 않는다.

얼마 전 인기 토크쇼 〈무릎팍 도사〉에서 방송인 김제동이 한 말이 생각난다. "야구는 적어도 타자에게 세 번의 기회를 준다. 한 번. 두 번. 세 번. 그러고 나서야 바깥으로 물러난다. 그리고 순번이 돌아오면 그때 다시 그에게 기회가 주어진다. 이에 반해 투수에게는 네 번의 기회가 주어진다. 투수는 볼을 네 개까지 던질 수 있다. 타자에 비해 투수가 약자이기 때문이다."

누군가는 이기고 누군가는 져야 하는 스포츠에서 규칙은 중요하다. 그 규칙이 일방적으로 한쪽에 유리하거나 다른 한쪽에 불리하다면, 즉 공정하지 않다면 경기 결과야 뻔할 테니 누구도 그러한 스포츠에 빠져들지 않는다. 야구는 타자가 공격하고 투수가 방어하는 경기다. 이때 공 하나로 타자가 아웃되거나 살아 나간다면 그건 도박이지 공정한 경기가 아니다. 그러기에 타자와 투수 모두에게 세 번의 기회를 준다. 또한 투수는 혼자서 아홉 명의 타자를 상대해야 하고, 방망이라는 도구 없이 오로지 자신의 몸만을 사용해 공을 던져 스트라이크를 잡아내야 하기에 약자라고 볼 수 있다. 따라서 약자인 투수에게 한 번의 기회를 더 주는 일이 공정하다고 규칙을 정한 셈이다.

반면 1등만을 기억하는 사회에서 약자가 할 수 있는 일은 도박밖에는 없다. 도박이 아니라 규칙이 있는 사회. 약자에게 더 많은 기회가 주어지는 사회. 그리하여 약자가 자신에 대해 더 많은 실험과 실패를 할 수 있는 사회. 이것이 진정 자유로운 사회다. 1등만 기억하는 더러운 세상에서는 1등만 자유롭지만 꼴등도 기억하는 세상에서는 누구나 자유로울 수 있다.

그러한 사회를 꿈꾸는 일이 그저 높고 불가능하지만은 않다. 그것은 지금 이 글을 읽는 청소년이 자신의 교실에서부터 시작할 수도 있다. 야구장에서 이미 존재하는 배려와 기회, 공정한 규칙이 교실이라고, 우리 사회 전체라고 왜 가능하지 않겠는가? 아니 그래야만 한다.

© Anna de Capitani

약육강식만이
생태계의 질서라고?

다윈은 약육강식을
말하지 않았다!

생태계의 또 다른 이름, 다양성 그리고 공존 | 이은희

이은희

인도 신화에서 창조와 생명의 신인 비슈누와 종말과 파괴의 신 시바, 두 신의 결합형을 뜻하는 '하리하라'라는 필명으로 더 유명한 과학 칼럼니스트. '하리하라'라는 말이 생명의 탄생과 죽음을, 빛과 그림자의 양면을 맞대는 훌륭한 아이콘이라고 생각하여 필명을 지었다. 필명처럼, 과학 지식이 지닌 빛을 잘 풀어서 이야기해 주고, 잘 알려져 있지 않은 그림자를 날카롭게 들추어내는 쉽고 재미있는 글쓰기로 과학의 대중화에 앞장서고 있다.

생태계가 우리에게 준 교훈은 진정 승자독식의 사회인가?

늦은 퇴근길, 같은 아파트 단지에 사는 이모의 부탁으로, 학원을 마치고 나오는 사촌 동생을 태워 가려고 정말 오랜만에 학원가가 밀집한 목동 거리에 들어섰다. 늦은 시간이지만 학원 앞 거리에는 승용차가 즐비하다. 학원은 육중한 유리문에서 교복을 입은 아이들을 줄줄이 토해 내고, 아이들은 하루 종일 건물에 갇혀 있다가 겨우 만나게 된 바깥 공기를 크게 한 번 들이켤 틈도 없이, 검게 코팅된 차창 안으로 다시금 밀리듯 들어간다.

사촌 동생을 태우고 집으로 향한다. 지금 시각 열한 시, 잠자리에 들기에도 이미 늦은 시간. 그러나 이 아이는 이제 겨우 자신에게 주어진 공식적인 하루 일과를 마쳤을 뿐이다. 하루를 보냈으니 오늘 하루치만큼의 숙제는 자가 증식하듯 늘어나 있을 테고, 하나를 쓰러뜨리면 또 다른 머리가 나오는 히드라처럼 시험은 연달아 계속될 테니 말이다. 지금 이 아이가 겪는 일은 언젠가 나도 겪었던 일이다. 하지만 누구나 겪었다고 해서, 한창 자라야 할 열일곱 살 아이를 아침 7시부터 밤 11시까지 회색 건물 안에 가둔 채, 끊임없이 경쟁하라고 다그치는 일이 당연한 일이 될 수는 없다.

우리의 교육이 대입 위주의 기형적인 모습으로 변모된 것이 어제오늘 일만은 아니다. 현실적으로 극소수만이 들어갈 수 있는 명문대학교에 들어가기 위해 전국의 모든 아이들은 수년간 입시 경쟁에 시달린다. 그리고 그 경쟁 구도에서 튕겨 나간 수많은 아이들은 패배자이자 사회 시스템의 부적응자로 불린다. 게다가 최근 잇달아 찾아온 경제 위기로 더욱 불안해진 현실은 안정적인 직업과 연결되는 특정 학과만을 강조하면서 가뜩이나 좁은 대학의 문을 더욱 좁게 만들고 있다. 대학에 못 들어가면, 법관이나 의사가 되지 않으면 사회의 낙오자라도 되는 양 사회는 아이들을 몰아붙인다. 평생직장의 개념이 사라지고 고용의 불안정성이 지속되는 세상에서 살아남고 성공하기 위해서는 자격증을 가지고 오래도록 일할 수 있는, 그러면서도 사회적 지위와 경제적 부를 모두 줄 수 있는 법관(문과)과 의사(이과)를 최선의 직업으로 미리 정해 놓고, 모든 아이들을 그쪽으로 몰아가고 있다.

사회는 짐짓 깨달은 척 이렇게 말한다. 다윈의 진화론에 의하면 자연은 적자適者와 강자強者만의 것이니 이 사회에서 살아남기 위해서는 어쩔 수 없다고. 자연의 경쟁 구도는 약육강식弱肉強食과 적자생존適者生存의 원리로 이루어져 있으니, 인간 역시 살아남기 위해서는 남에게 먹히지 않는 강자가 되어야 하고, 그러기 위해서는 좋은 대학에 들어가 좋은 직업을 잡아야만 한다고 말이다. 문제는 그 좋은 직업을 가질 수 있는 아이들은 아주 소수에 불과하다는 사실인데 이 점에 대해서는 결코 이야기하지 않는다. 만약 인간 사회 역시 자연과 같다는 그들의 말이 진실이라면, 세상은 1퍼센트의 강자와 99퍼센트의 약자로, 혹은 1퍼센트의 성공한 승리자와 99퍼센트의 실패한 패배자로 이루어진 곳이다. 이를 약육강식의 논리에 적용하면, 1퍼센트의 강자에게 99퍼센트에 이르는 약자가 모두 먹잇감으로 던져진 형국이 된다. 극히 소수의 승리자만을 양산해 내는 시스템, 정말로 이것이 자연이 우리에게 준 교훈이란 말인가?

다윈은 약육강식을 말하지 않았다

사람들은 흔히 인간 사회에서 나타나는 경쟁 구도를 설명하기 위해 찰스 다윈의 '진화론'을 언급하고는 한다. 세상에 존재하는 모든 부조리와 불평등의 근원은 약육강식과 적자생존의 원리이고, 진화론은 이를 잘 뒷받침해 주는 논리라고 생각한다. 하지만 과연 그럴까? 사실 진화론만큼 많은 오해를 받은 과학 이론도 드물다.

리처드 도킨스는 그의 책 『눈먼 시계공』에서 다음과 같이 말한 바 있다. 누구나 진화론에 대해서 안다고 생각하지만 실제로 진화론에 대해 '정확히' 아는 이는 드물며, 따라서 진화론은 19세기 이후 150여 년 동안이나 우리 사회에서 가장 첨예한 과학 논쟁이 되었다고 말이다.

일상생활에서 주변 사람들과 자연과학과 관련된 주제로 토론을 벌이다 보면 막히는 경우가 종종 있는데, 이는 대부분 그들의 과학에 대한 소양이 부족하기 때문이다. 상대성 원리와 뉴턴 역학이 부딪치는 모순에 대해 논쟁하고, 양자역학에 대해 자신의 의견을 제시하며, 스티븐 호킹의 『시간의 역사』를 읽은 뒤 토론을 벌일 만큼 과학적 소양이 풍부한 이들은 많지 않다. 사실 대다수는 이게 무슨 말인지도 잘 모른다.

그러나 진화론은 다르다. 심지어 진화론을 주장한 다윈의 이름이 찰스인지 에라스무스인지 모르는 사람이라도, 다윈이 쓴 책이 『종의 기원』인지 『진화론』인지 혼동하는 사람일지라도, 저마다 진화론에 대해서는 안다고 생각하는 경우가 많다. 하지만 그 가운데 진화론에 대해 '정확히' 알고 있는 이는 아주 적다.

실제로 다윈이 진화론을 제시한 그의 책 『종의 기원』 속에서 단 한 번도 약육강식의 법칙이 자연의 법칙이라고 말한 적이 없다는 사실을 아는 이는 극히 드물다. 뿐만 아니라, 다윈은 자신의 저작 속에서 '진화進化, evolution'라는 말의 사용조차 극히 자제했다고 알려져 있다. 진화라는 말 자체에 담긴 '나아가다' 혹은 '발전하다'라는 뉘앙스 때문이었다. 우리말로 번역된 '진화' 역시 '나아가며 바뀌다'라는 뜻으로 전진, 혹은 개선改善의 뜻이 담겨 있다. 이러한 이유로, 다윈은 진화라는 말 자체가 오해를 불러일으킬 수 있겠다 여겼다. 그리고 그의 우려는 정확히 맞아떨어졌다.

실제로 많은 사람이 진화에는 특정한 방향이나 목적을 향하는 성질, 우열 관계가 있다고 오해한다. 즉, 세월이 지날수록 생물체는 이전보다 더 '훌륭한' 것이 되어 이상적인 생물체의 모습에 한 발씩 가까워지며, 하등한 존재는 진화를 거쳐 고등한 존재로 발전되어 간다고 여긴다. 얼핏 보면 생물체가 진화를 거쳐 단순한 존재에서 복잡한 존재로, 미숙한 개체에서 성숙한 개체로 바뀌는 듯 보여 진화가 발전과 개선을 내포하고 있다고 여기기 쉽다. 생물체의 변이는 우연적인 사건이지만, 오랜 세월을 거쳐 누적되다 보면 마치 누군가 의도를 가지고 특정 개체만을 선별해 낸 듯이 뛰어난 형질을 지닌 생물종이 남는 경우가 있기 때문이다. 하지만 이는 생물체의 진화가 '환경에 더 잘 적응한 개체가 선택되는 방식'으로 이루어져 왔기 때문에 일어나는 결과일 뿐, 애초에 그런 결과를 염두에 두고 만들어졌다는 뜻은 아니다.

벌새를 예로 들어 보자. 꽃 속의 꿀을 먹고 사는 벌새는 초당 200회가 넘는 날갯짓을 하기에 꿀을 빠는 동안 정지비행을 할 수 있고, 길고 가느다란 부리 덕에 꽃 속 깊이 머리를 넣지 않아도 식사를 할 수 있다. 이러한 신체적 특징과 습성은 벌새가 꿀을 빠는 데 가장 편리하고 최적화된 조건으로 보인다. 따라서 이를 이상적인 벌새의 조건으로 설정하고, 벌새가 이쪽으로 의도적으로 진화를 해 왔다고 생각할 수 있다. 하지만 결론부터 말하자면, 벌새는 결코 그러한 특정 방향이나 목적을 갖고 진화하지 않았다.

 벌새의 새끼 가운데 자연적인 돌연변이로 다른 새끼에 비해 좀 더 부리가 길고, 좀 더 정지비행을 잘할 수 있는 개체가 있었을 것이다. 같은 부모에게서 태어난 피붙이라도 더 젖을 많이 내는 젖소가 있고, 더 키가 큰 아이가 있듯이 말이다. 그리고 다양한 변이를 가진 개체 가운데 이런 유리한 특성을 가진 개체가 확률적으로 좀 더 오래 살아남아 좀 더 많은 자손을 남기고, 이런 현상이 오랜 세월 거듭되면서 벌새는 꽃 속의 꿀을 따는 데 가장 효과적인 특성을 갖게 되었을 뿐이다. 하지만 오랜 세월 끝에 나타난 이러한 결과만을 보고서, 사람들은 마치 진화 과정이 의도와 목적을 가진 듯 착각하게 되었다.

 하지만 실제 진화는 어떤 목적을 이루어 내기 위해 일어나지 않으며, 나아가 반드시 '개선'되지도 않는다. 만약에 진화가 모두 '개선'되는 방향으로 일어난다면, 어두운 동굴 속에 사는 동물의 눈이 퇴화된 사실을 설명할 수 없다. 모든 것은 자연의 선택을 받는 우연한 변화의 연속일 뿐, 거기에 숨은 의도 따위는 전혀 없다.

 진화가 특정한 목적을 이루기 위해 일어나지 않거나 이상향을 갖고 있지 않다는 말은 곧, 진화의 산물인 생물체 가운데 어느 것이 더 고등하고 어느 것이 더 저급한지 가를 만한 구분도, 기준도 존재하지 않는다는 뜻이다. 흔히 우리는 인간을 만물의 영장이라 하고, 생물체 가운데 가장 고등한 존재라고 여긴다. 하지만 생물체는 모두 자신이 처한 환경에서 최적의 상태로 변화해 왔을 뿐이다. 가장 고등한 존재라는 인간도 물속에 들어가면 단 5분을 견디지 못하고 죽고 만다. 멍청함의 대명사로 불리는 금붕어나, 도무지 뇌다운 뇌라고는 존재하지도 않을 듯한 피라미도 쉽게 할 수 있는 일, 심지어는 단 하나의 세포로 구성된 플랑크톤조차 아무 어려움 없이 할 수 있는 일을 못해서 말이다. 물속에 들어간 인간은 고등 생물이기는커녕 '하등' 생물도 다 아는 '물속 산소 이용법'도 알지 못하는 부적격자이자 낙오자일 뿐이다. 이런 점에서 보면, 생물체를 수직선상에 놓고 우열을 가르는 일은 애초에 의미가 없다. 생물체는 그저 저마다 처한 다양한 환경에 가장 잘 적응하도록 변화할 뿐이기 때문이다.

누가 약육강식을 이야기했는가?

하지만 우리는 여전히 진화론이라는 말을 들으면 약육강식과 적자생존이라는 말을 먼저 떠올린다. 사실 적자생존이나 약육강식이라는 말을 처음 쓴 사람은 다윈이 아니라, 동시대 영국 철학자이자 경제학자였던 허버트 스펜서다. 당시 스펜서는 인간의 사회 발달 과정을 설명하기 위해 생명체의 진화 이론을 끌어들였다. 스펜서는 사회를 하나의 유기체로 보는, 즉 초유기체(꿀벌과 개미처럼 여러 개체가 모여서 하나의 큰 사회를 이루고 있는 곤충을 사회성 곤충이라고 하며, 사회성 곤충이 이루는 집단은 완전한 하나의 생물체처럼 복잡한 메커니즘으로 움직이는데, 이를 초유기체라 한다.)로 여기는 관점을 갖고 있었다. 사회가 생물체와 마찬가지 특성을 갖는다면 사회의 발달 과정 역시 생물체와 마찬가지이리라 생각했기 때문이다. 즉, 생물체가 단순한 것에서 복잡한 것으로 진화해 왔듯이 사회도 단순한 구조에서 복잡한 구조로 진화되어 갈 테고, 쥐가 고양이의 먹이가 되고 정어리가 갈매기의 먹이가 되듯이 단순하고 약한 동물은 복잡하고 힘센 동물의 먹이가 되고, 사회적 약자는 권력과 힘을 가진 이에게 늘 수탈당할 수밖에 없다는 논리를 펼쳤다. 그리고 이를 적자생존과 양육강식이라는 말로 압축해 냈다. 이렇게 스펜서에 의해, 다윈이 주장한 생물학적 진화론은 인간 사회의 변화 과정을 설명하는 '사회진화론'으로 확장되었던 것이다.

스펜서는 자연 상태를 경쟁 구도로 인식했다. 실제로 많은 동물은 먹이와 세력권을 놓고 경쟁하고는 한다. 하지만 그것은 동물이 특별히 호전적이거나 경쟁적이어서가 아니라, 애초에 생물종은 끊임없이 번성하는 데 반해 지구상의 자원은 유한하기 때문에 벌어지는 자연스러운 현상이다.

우리는 여기서 스펜서가 살았던 19세기 영국은 사회적 불평등과 빈부 격차가 극에 달한 사회였으며, 동시에 자유와 천부인권 사상이 가치 있게 여겨지는 사회였다는 사실을 주목해야 한다. 이렇듯 만연한 구조적 불평등과 개인의 자유를 존중해야 한다는 시대적 요구가 맞부딪치는 속에서 스펜서는 진화론을 통해 이 모순을 설명하려고 했다. 그리고 스펜서는 단순한 설명을 넘어서 결론을 내려 버렸다. '생물체는 주어진 조건 내에서 경쟁을 한다.'는 진화론에서 한 발 더 나아가 '경쟁에서 이긴 자가 모든 것을 갖는다.'는 주장을 이끌어 내기에 이르렀다. 다윈이 설명한 생물체가 살아가는 '과정'에서 스펜서는 인간 사회의 부조리를 정당화시키는 '결론'을 이끌어 낸 셈이다.

물론 이러한 스펜서의 주장을 통해 일부 사회학자는, 빈곤층이 열심히 노력해도 가난에서 벗어나지 못하는 이유가 단지 그들이 게으르고 무능력해서가 아니라, 사회적 강자에 속하는 이들이 빈곤층에게 놀아가야 할 정당한 자원을 빼앗기 때문이라는 사실을 깨닫고, 이들의 복지 향상을 위해 국가 차원에서 나서야 한다는 바람직한 주장을 내놓기도 했다. 하지만 제국주의가 팽배하던 당시 국제 사회에서 사회진화론은 강대국이 약소국을 침략하여 식민지로 삼는 수탈 행위의 정당성을 인정해 주는 효과적인 도구로 악용되는 경우가 더 많았다.

사회진화론에서는 인간 사회가 3단계 발전 과정을 통해 진화한다고 본다. 즉, 아직 원시 공동체 수준을 벗어나지 못한 미개未開 단계를 거쳐, 문명의 싹이 돋는 반개半開 단계를 지나, 발전된 문명을 지닌 개화改化 단계로 나아간다고 본다. 이에 따르면, 이미 개화 단계에 접어들어서 사회적으로 성숙한 서구 열강국의 경우, 아직 발전되지 못한 미개 사회를 개화시킬 의무가 있으니, 열강의 식민지 확장 정책은 침략이 아니라 발전을 도와주는 행위로 해석될 수 있다. 이는 과거 일본이 조선을 침탈하는 과정에서 주장한 논리와 정확히 일치한다. 실제로 일본 역시 서구 열강에 의해 이런 방식에 의해 개화되었고, 이를 우리에게 그대로 답습했다고 볼 수 있다.

하지만 스펜서는 생물학자가 아니기에 실제로 생물이 어떻게 살아가는지를 명확히 이해했다기보다는, 그저 생물학 이론을 빌려 와 현실 사회의 모순과 부조리를 설명해 냈을 뿐이다. 그래서인지 스펜서가 주장한 진화론에서는 다윈의 진화 이론뿐 아니라 라마르크의 용불용설用不用說까지도 엿보인다. 물론 지금 대부분의 과학자는 용불용설에서 이야기하는 획득형질, 예를 들어 투수의 유난히 긴 한쪽 팔처럼, 살아가면서 외부의 자극에 의해 생긴 변화는 유전의 근거가 없기 때문에 생물의 진화에는 영향을 미칠 수 없다고 이야기한다. 하지만 스펜서는, 인간은 교육을 통해 지식을 전달할 수 있다는 데 착안해, 쉽게 용불용설을 끌어들였다. 즉, 스펜서는 자연의 이론을 예로 들어 인간 사회의 특징을 설명하려 했지, 인간 사회가 자연의 원리와 동일하게 움직인다고 주장하지는 않았다.

하지만 스펜서가 말한 약육강식과 적자생존의 논리는 사회적으로 엄청난 파장을 일으키며, 마치 그것이 자연의 유일한 법칙이고 벗어날 수 없는 운명의 굴레인 양, 진화론에 대한 유일한 설명 방식으로 자리 잡게 되었다. 역사적으로 과학 이론이 사회에 적용되는 과정에서 다양하게 변주된 경우는 많았지만, 진화론은 그 가운데서도 가장 많이, 가장 다양하게 왜곡되어 적용된 경우다.

애초에 스펜서가 말했던 약육강식과 적자생존이라는 말이 어째서 다윈이 말한 것으로 왜곡되어 알려졌는지는 알 수 없다. 다윈은 자신의 책 어디에서도 약육강식에 대해 이야기한 바 없다. 적자생존이라는 단어 역시 『종의 기원』 초기 판본에서는 나타나지 않는다. 『종의 기원』 제5판을 찍을 때쯤에야, 다윈은 스펜서가 이야기한 적자생존이라는 단어가 자신의 이론을 설명하는 데 도움이 되리라 생각한 뒤 이를 채택했을 뿐이다. 이전에 다윈이 진화론을 통해 사용했던 주요 단어는 '자연선택 natural selection'이라는 말이었다.

진화의 첫 번째 전략, 다양성을 획득하라!

사실 다윈이 주목한 지점은 생물체에 일어나는 '변이의 다양성'이었다. 특히, 유성생식을 하는 생물체는 암수 유전자를 섞어야만 후손을 낳을 수 있는 특성상 조금씩 다른 자손들을 낳는다. 이 자손들은 각자 환경에 기대어 살아가기 시작하는데, 그 가운데서 주변 환경에 조금 더 잘 적응한 개체는 살아남아 자신의 유전자를 후손에게 물려 줄 가능성이 커진다. 초기에는 이 변이로 인한 차이가 거의 눈에 띄지도 않을 정도지만, 오랜 세월 동안 변이가 쌓이게 되면 어느 순간 눈에 띄는 차이가 나타나게 되고, 이것이 그 생물종의 특징으로 자리 잡게 된다.

다윈은 이러한 변이가 쌓여 점차 환경에 더 잘 적응된 방식으로 변화되어 간다고 생각했다. 하지만 '더 잘 적응한 방식'이 오로지 '한 가지 방식'뿐이라고 말한 적은 없다. 오히려 자연선택의 다양성에 대해 더 많은 주의를 기울였다. 좀 더 구체적으로 말하자면, 다윈은 "변화는 생명체가 환경에 더욱 잘 적응하기 위해서, 번식 행위를 통해 우연히 이루어진다. 그 과정에 신의 의지 같은 어떤 외부의 힘이 개입하여 작용하지 않으며, 모든 생명체는 우열이 없다."라고 썼다. 이 글 어디에서도 약한 것이 강한 것보다 열등하며, 강자가 약자를 짓밟아도 좋다는 뜻은 담겨 있지 않다. 다윈은 다양한 생물종을 관찰한 뒤, 생물체를 있게 한 원동력은 환경에 적응하며 얻게 된 '다양성'이라는 결론을 내렸다.

다윈이 획일성보다는 다양성에 더욱 주목했음은 '다윈 핀치'라는 별명으로 잘 알려진 갈라파고스 핀치 finch, 참새목(目)의 작은 조류에 대한 연구에서 뚜렷이 드러난다. 1835년 9월, 남아메리카 에콰도르의 서쪽 해안에서 1000킬로미터 떨어진 곳에 위치한 갈라파고스 군도에 도착한 다윈은 이 섬에 서식하는 핀치를 통해 흥미로운 사실을 발견했다. 갈라파고스 군도에는 총 13종의 핀치가 서식하는데, 이들은 크기나 습성 등은 비슷하지만 부리의 모양은 천차만별이었다. 이들 핀치는 저마다 독특한 부리 모양을 가지고 있는데, 그 모양은 그들이 주로 먹는 먹이와 관련이 있었다. 예를 들어, 나무껍질 안쪽에 숨어 있는 벌레를 잡아먹는 핀치는 단단한 나무껍질 속에 부리를 밀어 넣고 벌레를 찍어 올리기에 유리한 긴 주사 바늘처럼 생긴 부리를 가지고 있고, 견과류나 씨앗을 주식으로 삼는 핀치는 단단한 껍질을 부술 수 있는 튼튼하고 강한 지렛대 형의 부리를 가지고 있었다.

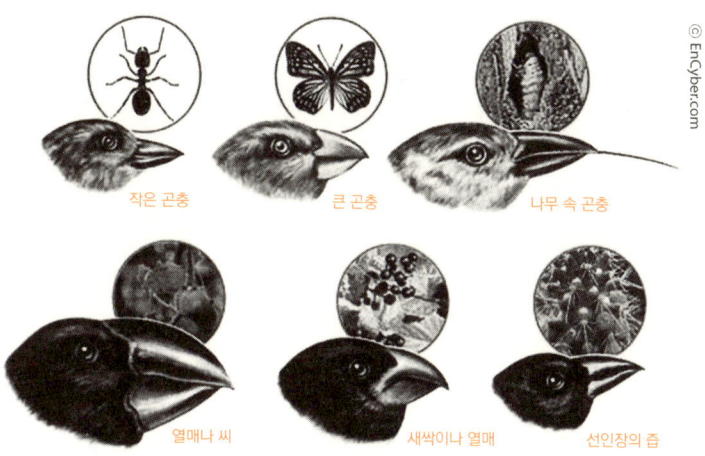

갈라파고스 군도에 서식하는 핀치들의 부리 모양과 주로 먹는 먹이의 연관성.

갈라파고스 군도에 사는 13종의 핀치는 모두 부리의 모양이 달랐고, 그 부리들만큼이나 그들의 먹잇감도 달랐다.

다윈은 다양한 핀치의 부리 모양과 먹이의 관계를 관찰한 결과, 13종의 핀치는 원래 하나의 종이었으나 오랜 세월 저마다 처한 환경에서 가장 능률적으로 구할 수 있는 먹잇감을 찾는 동안 다양하게 변화되어 왔을 것이라고 생각했다. 여기서 흥미로운 것은 시간의 흐름에 따라 핀치들이 하나의 우수한 종으로 통합되는 쪽이 아니라, 여러 개의 다양한 종으로 쪼개졌다는 것이다. 또한, 이들의 먹잇감 역시 구하기 쉽고 찾기 쉬운 한 종류로 모아지지 않고, 다양하게 세분화되었다는 점 역시 주목할 만하다. 만약 13종의 핀치가 모두 한 가지 먹잇감에만 집착했다면 어땠을까? 아마 먹잇감이 부족해져 갈라파고스 군도에 사는 핀치의 수는 훨씬 적었을 가능성이 크다. 그러나 13종의 핀치는 각자 처한 환경에 따라 작은 곤충, 큰 곤충, 날아다니는 곤충, 나무껍질 안쪽에 숨어 있는 곤충, 딱딱한 씨앗과 부드러운 열매 등 종마다 다양한 먹잇감을 택하는 전략을 취해, 같은 먹이사슬 안에서 종끼리 경쟁하지 않아도 되었고, 결과적으로 제한된 서식지 안에 더 많은 수의 핀치가 살아갈 수 있었다. 이처럼 진화에 있어 가장 큰 무기는 다양성의 증가다.

이러한 다양성의 예는 핀치 같은 조류뿐만이 아니라 초식동물에게서도 발견할 수 있다. 땅 위에 사는 초식동물이 가장 접근하기 좋은 먹이는 땅에서 자라는 풀이다. 별다른 노력을 하지 않아도 고개만 숙이면 먹이를 얻을 수 있기 때문이다. 모든 초식동물이 풀을 뜯는다면 특정 지역에서 살아갈 수 있는 초식동물의 수는 정확히 그 지역의 풀의 양에 비례할 것이다. 이렇게 풀을 먹는 초식동물만 사는 지역에서 키가 큰 나무는 전혀 쓸모없는 존재가 된다. 입이 닿는 곳의 나무줄기는 너무 단단하고 질긴 데다, 먹잇감으로 유용한 나뭇잎은 너무 높은 곳에 있기에 무용지물이기 때문이다.

하지만 이 지역에 기린처럼 키가 큰 초식동물이 나타난다면 상황은 달라진다. 기린은 큰 키와 긴 목을 이용해 어렵지 않게 높은 나무 위에 널린 만찬을 즐길 테고, 이제 이 지역에서 살 수 있는 초식동물의 수는 기존의 키 작은 풀을 먹던 동물의 수에 고스란히 기린의 수를 보태면 된다. 새로운 생물체가 나타났지만, 그 생물체는 나무 위의 풀이라는 새로운 자원을 이용하기에, 서로 경쟁할 필요가 없기 때문이다.

여기에 원숭이가 등장한다고 해도 마찬가지다. 원숭이는 주로 나무 열매를 먹기에 풀과 나뭇잎이라는 기존의 자원은 건드리지 않고, 기존 동물과 경쟁하지 않으면서도 제한된 생태계에 끼어 들어갈 수 있다.

자연계에서 이러한 예는 무궁무진하다. 심지어 누군가에게는 쓰레기일지라도, 이를 활용할 줄 아는 다른 누군가에게는 귀중한

소의 배설물이 쇠똥구리에게는 더없이
훌륭한 먹잇감이 되고, 악어의 이빨에 끼인
찌꺼기조차 악어새에게 일용한 양식이 된다.

ⓒ Christopher Knight

자원이 될 수 있다. 소의 배설물이 쇠똥구리에게는 더없이 훌륭한 먹잇감이 되고, 악어의 이빨에 끼인 찌꺼기조차 악어새에게 일용한 양식이 되는 동물들의 모습을 보노라면, 오로지 타인을 짓밟아야만 살 수 있다는 잔혹한 약육강식과 적자생존의 논리는 생태계에 대한 모독으로 느껴질 정도다. 이처럼 생물체는 다양성의 증가라는 방식을 통해 저마다 자신에게 적합한 자원을 쓰고 자리를 차지하면서 무리 없이 살아간다.

진화의 두 번째 전략, 도와라! 그도 너를 도우리라!

다양한 생물종이 아무리 제각각 다양한 자원을 나누며 살아간다고 해도, 생물의 가짓수에 비해 자원의 가짓수는 적을 수밖에 없다. 따라서 같은 자원을 놓고 여러 생물종이 경쟁해야 하는 일은 피할 수 없다. 그러나 이런 경우에도 서로 다른 종을 없애고 모든 자원을 차지하기 위해 욕심을 부리지는 않는다. 아니, 실제로 많은 생물종은 서로를 내쫓기 위해 싸움을 벌이기보다는 서로 공존하는 방식을 찾고는 한다. 이러한 다양한 예를 들며, 실제로 경쟁보다는 공생이 진화의 원동력이라고 주장하는 학자도 많다.

여성 생물학자 린 마굴리스는 공생진화론을 주장하는 학자 가운데 한 사람이다. 공생진화론에 따르면, 생명체는 한정된 자원을 놓고 서로 경쟁하는 경우보다 더 자주, 더 많이 한 발 물러서서 상부상조 전략을 추구한다. 지의류地衣類는 잘 알려진 공생생물이다. 얼핏 보기에는 이끼처럼 보이는 지의류는 사실 곰팡이나 버섯 같은 균류菌類와, 파래나 청각 같은 조류藻類가 한데 어우러진 생물체다. 보통 조류는 광합성을 통해 포도당을 합성한 뒤, 이를 혼자만 독식하지 않고 균류에게도 나눠 주어 균류의 생존을 돕는다. 한편, 조류로부터 포도당을 넘겨받은 균류는 공기 중의 수증기를 흡수하여 조류에게 공급해 조류가 공기 중에서도 생존할 수 있도록 하며, 조류의 포자 방출을 돕기도 한다. 지의류의 공생관계는 너무도 밀접하여 이 둘을 분리하면 단독 생활을 할 수 없을 정도로 서로에 대한 의존도가 강하다. 지의류는 균류와 조류가 합쳐서 진화한 새로운 생물종이라고 생각될 정도다. 마굴리스는 여기서 더 나아가, 인간을 비롯한 모든 다세포 생물과 일부 단세포 생물을 구성하는 진핵세포 자체가 공생으로 인해 시작되었다고 주장하기도 한다.

여러 생물체에서 볼 수 있는 공생 전략은 놀라울 정도로 다양하다. 지의류는 각자 자신의 장점을 나눠 서로에게 이익을 주는 데 반해, 적과의 동침을 공생에 이용하는 놀라운 전략을 쓰는 생물체도 있다. 멀리 갈 필요도 없다. 인간의 몸속에서도 이런 적과의 동침은 쉽게 찾아볼 수 있다. 여러 과학자가 다년간 연구한 결과, 인간이 수많은 미생물과 동고동락하고 있다는 사실이 밝

혀졌다. 보통 정상 성인의 몸에는 약 1킬로그램 정도의 미생물이 있는데, 그 가운데서도 장臟은 미생물과 인간이 전략적으로 공존하고 있는 장소다. 장에는 대장균과 유산균을 비롯해 500여 종의 미생물이 살고 있다. 언뜻 생각해 보면, 인간 몸속에 사는 미생물이란 인간의 장 속이라는 안전한 거주지에서 인간이 섭취한 에너지를 가로채어 살아가는 강탈자 같기도 하다. 어쩌면 처음 이들이 인간의 몸속으로 들어왔을 때는 정말 일방적으로 뺏고 뺏기는 관계로 시작되었을지도 모른다. 하지만 적어도 지금 이들의 존재는 인간의 생존과 건강 유지에 매우 중요한 구실을 하고 있다. 이렇게 우리 몸에서 동거하는 세균들을 정상 세균이라고 하는데, 정상 세균은 여러모로 인간과 효율적으로 동반자 관계를 맺고 살아간다.

일단 정상 세균은 장의 내부 점막에 코팅제를 입히듯 빽빽하게 자리를 잡고 있어서 우리 건강에 도움을 준다. 별로 해롭지 않은 이들이 먼저 장 점막에 자리 잡고 있으니, 음식물에 섞여 들어온 살모넬라균이나 기타 해로운 균이 장 점막에 달라붙을 수가 없기 때문이다. 신생아 역시 태어날 때는 장 내부에 아무런 균도 가지고 있지 않지만, 거의 출생과 동시에 정상 세균이 아기의 몸에 자리를 잡는다. 그런데 생후 1년 미만의 갓난아기가 항생제를 먹고 난 뒤에 종종 설사를 하는 경우가 있다. 어른의 장에는 정상 세균이 하나의 층을 이루고 있어서 몇 번 항생제를 복용하더라도 정상 세균이 모두 죽어 버리지는 않는다. 혹 다 죽어 버리더라도 짧은 시일 내에 복구된다. 하지만 신생아의 장에는 아직 정상 세균이 완벽하게 자리 잡지 못한 상태여서 항생제 때문에 설사를 하기도 한다. 이는 항생제가 질병의 원인이 되는 균뿐 아니라 정상 세균도 죽여 버려서, 오히려 그 뒤에 들어온 세균이 더 쉽게 침입할 수 있게 되었기 때문이다.

 장내 세균은 장 점막을 감싸 해로운 균이 들어올 자리가 없게 만들 뿐 아니라, 면역에서도 중요한 역할을 한다. 면역이란, 외부에서 이물질이 들어왔을 때 인간의 몸이 방어하는 현상이라고 할 수 있다. 아무리 장내 세균이 크게 해롭지는 않다고 해도, 이들 역시 인간의 몸에서 만들어진 물질이 아니기 때문에 인간의 몸은 면역 반응을 한다. 즉, 정상 세균이 가까이 있는 장 점막에는 일상적으로 아주 약한 염증 반응이 생긴다. 그런데 이렇게 일상적이고 경미한 염증 반응은 오히려 우리 몸을 건강하게 만들어 준다. 경미한 염증 반응 때문에 면역세포가 늘 활성화된 상태를 유지해서, 병원성 세균이 유입되었을 때 더 신속하고 강력하게 대응할 수 있기 때문이다. 외부의 침입자였던 세균에게 살 곳과 먹을 것을 내어 주는 대신 이들을 일종의 문지기와 모의전투용 연습 상대로 이용하고 있는 셈이다. 적조차 회유하여 자신의 편으로 만드는 이러한 전략에 절묘하다는 말 말고 다른 말이 떠오르지 않을 정도다.

장내 세균과 인간 몸의 관계만 봐도 이토록 놀랍고 행복한 공생 관계를 이루고 있는데, 여전히 인간 사회는 약육강식과 적자생존의 논리에만 휘둘리고 있다. 결국 인간은 생명체 가운데 가장 뛰어난 지적 능력을 소유하고 있다는 사실을 자랑하지만, 실상 자신의 몸속에서 반복되는 일상조차 깨닫지 못하는 우를 범하고 있는 셈이다.

인간 사회, 다양성과 공존의 시대를 꿈꾸자!

요즘처럼 전국의 모든 수험생이 법학전문대학원과 의과대학에 몰리는 현실은 진화론에 충실한 생존 방식이 아니라, 오히려 이를 정확히 역행하는 생존 방식이다. 물론, 법관과 의사란 직업은 여러모로 좋은 직업이다. 이들 모두 인간 사회에 꼭 필요하고 비교적 안정적이며 부와 명예도 얻을 수 있는 직업이기 때문이다. 하지만 모든 사람이 법관과 의사가 될 필요는 없다. 현실적으로 그럴 수도 없겠지만 이들이 계속 늘어난다면 결국 이들 사이에도 경쟁이 심화되어 상황은 다시 원점으로 돌아갈 테니 말이다. 세상이 점점 더 복잡해지고 불확실해지기 때문에 확실한 직업을 선택해야 한다는 주장은 구시대적 접근 방식이다. 세상이 복잡해지고 다원화될수록 그만큼 새로운 시장이 생겨나는 셈이며, 이는 곧 새로운 직업이 만들어질 가능성이 높아진다는 뜻이다. 이에 따라서 대응 전략도 다양해져야 한다. 변화하는 사회가 새로이 무엇을 필요로 하는지 읽어 내고 이에 대응하는 전략을 세우는 일이야말로 변화하는 환경에서 적응하는 '적자'가 되는 효과적인 방법이 될 수 있다.

달리 말하면, 당장 확실하고 안정적으로 보이니 모두가 법관과 의사라는 직업을 선택해야 한다는 생각은, 다양성의 증가에 의해 새로운 블루 오션을 찾아내는 생물체의 진화 방식이 아니라, 기존의 레드 오션 속에서 어떻게든 버텨 보려는 그야말로 '인간다운' 경쟁 방식이다. 지구에 있는 자원 양에는 분명 한계가 있다. 더구나 지금처럼 개발 중심의 사회에서 어느 정도 경쟁은 피할 수 없다. 하지만 지구에 있는 자원의 양이 한정적이라고 해서, 그 종류마저도 단일화되어 있지는 않다. 자원의 양은 제한적이나, 종류는 다양하다. 눈을 조금만 돌려보면 새로운 자원은 그리 어렵지 않게 얻을 수 있다. 갈라파고스의 핀치가 그러했듯이 말이다.

1836년 2월, 5년간의 비글호 탐험을 마치고 고국으로 돌아온 다윈은 자신이 수집한 자료를 바탕으로 생물의 변화에 대해 연구하기 시작했다. 연구는 무려 22년이나 지속되었으나 다윈은 좀처럼 이를 세상에 발표하지 못했다. 1858년, 그런 그에게 한 통의 편지가 도착했다. 아마존과 말레이 군도 지역에서 생물을 연구하던 젊은 연구자 알프레드 월리스가 보낸 편지였다. 월리스는 다윈이 오래전부터 생물의 변화에 대해 연구하고 있음을 알고 자신의 연구에 조언을 구하고자 편지를 보냈다. 그런데 월리스의 편지를 받은 다윈은 크게 놀랐다고 전해진다. 월리스의 편지에 적힌 내용은 다윈이 오랜 기간 연구하고 있던 것과 거의 같은 결론을 내리고 있었기 때문이다. 신중한 성격의 다윈은 자신의 연구 결과 발표를 20년이 넘도록 미루고 있었다. 그런데 이제 한 젊은이가 자신과 거의 같은 결론을 담은 연구 결과를 발표하려 하다니, 다윈은 여러모로 놀라지 않을 수 없었다.

세상은 2등을 기억하지 않는다. 언제나 사람들의 기억 속에는 1등의 이름만 남을 뿐이며, 역사는 승자만을 기록한다. 학계에서도 예외는 아니다. 어떤 학설에 자신의 이름을 붙일 수 있는 영광은 최초 발견자나 설립자에게만 주어진다. 만약 다윈이 '인간적'인 방법에만 치중한 사람이었다면 약육강식의 원리에 따라, 어떻게든 월리스를 학계에서 제외시키려고 했을지도 모른다. 다윈은 연륜이나 연구 경력, 수집된 자료를 비롯해 재력이나 사회적 지위도 월리스에 비해 월등했기 때문에, 그가 마음만 먹었다면 월리스를 학계에서 매장시키고 홀로 연구 결과를 발표해 스포트라이트를 받는 일은 어렵지 않았을 테니까. 그러나 다윈은 생태계와 생물체의 상호 관계에 대해 조예가 깊었고, 생물체가 반드시 약육강식의 원리에 지배받지는 않음을 알고 있었다.

결국 다윈은 월리스의 연구 결과가 자신의 것과 유사함을 인정하고, 기꺼이 월리스를 자신의 동료 연구자로 받아들여 진화론에 대한 첫 번째 논문의 공동 저자로 인정했다. 후세 사람들은 다윈이 매우 '신사적'으로 행동했다고 말하고는 하지만, 사실 다윈은 최적의 결과를 가져올 전략이 무엇인지 본능적으로 깨달았다고 말해도 무방하다는 생각이 든다. 수십 년간의 연구 결과를 가지고 있던 다윈이 몇 년간의 연구를 해 왔던 월리스를 동등한 자격의 연구자로 인정하고 받아들였지만, 사람들은 다윈의 이름을 기억할 뿐, 월리스를 기억하는 이는 거의 없다. 세상은 누가 더 많은 연구를 했고, 누가 더 많은 기여를 했는지 억지로 주장하지 않아도 알아차리기 마련이다. 만약 다윈이 약육강식의 원리에 따라 월리스를 짓밟으려 했다면 그 당시에는 성공했을지 몰라도, 분명 역사는 다윈의 이름을 후배 연구자의 공로를 가로챈 파렴치한으로 기억했으리라. 하지만 다윈은 경쟁과 배제 대신 공존과 화해를 선택했고, 그 선택이 다윈의 이름을 영원히 빛나게 만들었다.

이처럼 진화론은 태생부터 경쟁보다는 공존의 논리에 바탕을 두고 있었는데, 우리는 오래도록 이를 알아차리지 못하는 실수를 저질렀다. 왜곡은 한 번 일어나면 다시 되돌리기 어렵다. 우리는 이미 지난 세기, 제국주의의 확장과 무한 경쟁이 어떤 비극을 가져오는지 익히 경험한 바 있다. 그럼에도 불구하고 우리는 아직도 약육강식과 적자생존의 비정한 논리에서 벗어나지 못한 모습을 보여 주고 있지 않은가. 그만큼 우리에게 드리워진 악령의 뿌리가 깊다고 할 수 있다.

하지만 이제 세상은 변하고 있다. 획일성과 경쟁, 반목과 전쟁이 난무하던 시대는 가고, 다양성과 화합, 공존과 더불어 사는 삶이 최대의 가치가 되는 시대가 오고 있다. 이미 생명체는 태고 적부터 체득하고 겪어 왔던 방식의 가치를, 다윈이 월리스의 손을 잡았던 그 시절부터 사람들에게 알리고 싶었던 것을, 세상은 이제야 깨닫게 된 것이다.

참고문헌

「다윈은 약육강식, 적자생존의 진화론을 말하지 않았다」, 김혜련, 월간 『인물과 사상』 2003년 8월호
「스펜서의 진화론적 자유주의」, 정창인, 『한국정치학회보』 제38집 제2호
『종의 기원』, 찰스 다윈 지음, 이민재 옮김, 을유문화사, 1995
『눈먼 시계공』, 리처드 도킨스 지음, 이용철 옮김, 사이언스북스, 2004
『만물은 서로 돕는다』, P.A. 크로포트킨 지음, 김영범 옮김, 르네상스, 2005
『갈라파고스』, 폴 D. 스튜어트 외 지음, 이성호 옮김, 궁리, 2009
용어 정의 : 두산 엔싸이버 백과사전

에둘러 가면
뒤처질 뿐이라고?

가지 않은 길이
보여 주는 아름다움이
얼마나 많은데!

효율, 속도만 앞세우는 사회에서 벗어나기 | 남난희

남난희

지리산 자락에서 열일곱 먹은 아들과 함께 사는 쉰네 살 아줌마. 우리나라를 대표하는 여성 산꾼으로서, 한때는 암벽 등반은 물론이고 빙벽 등반, 히말라야 등반, 백두대간 종주 등 산이 자신의 전부였다고 할 만큼 열정적으로 산에 올라 다녔다. 십육 년 전 서울을 떠나 강원도 정선을 비롯한 이곳저곳을 다니며 살다가 지금 살고 있는 지리산 자락에 터를 잡은 지는 팔 년째다. 주로 하는 일은 된장을 담그고, 녹차를 만드는 일이며, 작은 농사도 짓고, 남는 시간에는 집 주변 산을 오르내리며 유유자적하게 살고 있다.

인간은 늘 바쁩니다

우리가 이 세상을 살아가는 데 꼭 필요한 것은 무엇일까요? 동물, 식물, 곤충이라면 먹이를 만들고, 번식을 하고 적으로부터 자신을 보호하는 일이 전부일듯 합니다. 하지만 사람은 다른 생명체와는 조금 달라서 그것만으로 살지 않고 온갖 것을 만들어서 입고, 걸치고, 쌓아 두고, 그것도 모라자서 끊임없이 무언가를 연구하고, 계발하고, 만들고, 설치하고, 부수며 살아가고 있습니다. 무언가를 만들어 내느라 바쁘고, 만들어 낸 것을 소용하느라 바쁘고, 소용한 것들 처리하느라 바쁘고, 바쁘고 바쁩니다.

선생님은 학생을 가르치느라 바쁘고 학생은 공부하느라 바쁩니다. 더 좋은 세상을 만들기 위해서, 사회에 더 나은 구성원이 되기 위해서 국어를, 수학을, 영어를, 과학을 공부합니다. 우리는 이미 너무 잘살고 있는데, 더 잘살아야 한다고, 더 편리하게 살아야 한다고, 그렇게 하려면 공부를 해야 한다고 합니다. 모두 똑같은 시간에 똑같은 공간에서 똑같은 주제로 또래들이 똑같은 과정을 거치며 커 갑니다.

그러느라고 옆도 뒤도 돌아 볼 틈이 없습니다. 곁눈질하다 보면 경쟁에서 뒤처질지도 모르기 때문입니다. 그런데 정말 경쟁에서 뒤처지면 낙오자가 되는 것일까요? 낙오자는 세상 살기가 어

려울까요? 앞만 보도록 눈 옆을 가린 경주마의 눈가리개를 벗겨
준다면, 경주마는 뒤처진다고, 낙오된다고 싫어할까요?

아들과 함께한 백두대간 종주

나는 지리산 자락에서 열일곱 먹은 아들과 함께 사는 쉰네 살 아
줌마입니다. 십육 년 전에 서울을 떠나서 지리산을 비롯한 이곳
저곳을 다니며 살다가 지금 살고 있는 곳에 터를 잡은 지는 팔 년
째입니다. 내가 하는 일은 된장을 담그고, 녹차를 만드는 일이며,
작은 농사도 짓고, 남는 시간에는 집 주변 산을 오르내리며 유유
자적하게 살고 있습니다.
 우리 아이 기범이는 대안 중학교를 다닌 뒤 지금은 네팔에 가
있습니다. 네팔에 세종문화학원이라는 곳이 있는데, 평소에 잘 알
고 있던 스님이 설립한 학원으로 네팔의 빈곤층에게 무료로 한글
을 가르치는 곳입니다. 기범이는 그곳에서 영어 공부도 하며, 학
원 일도 도우며 세상보기 공부를 합니다.

 나는 기범이와 2009년 9월 3일부터 10월 24일까지 백두대간 종
주를 다녀왔습니다. 그 또래에서 본다면 경쟁에서 이탈했다고 할
수 있습니다. 몇몇을 빼고는 대부분 사람들이 그 시간 학교에서
공부를 하지 않고 산에 왔다고 의아해했습니다. 하지만 나는 아

들 기범이와 백두대간 종주를 다녀왔습니다.

 백두대간이란 백두산에서 시작해서 계곡이나 강을 건너지 않고 산줄기만으로 지리산 천왕봉까지 이어지는 큰 줄기를 말합니다. 즉 백두대간은 우리 땅의 골간을 이루는 한반도의 등뼈이며 이는 우리 땅 전체 남과 북이 하나의 대간으로 이어져 있음을 뜻합니다. 백두대간은 그 길이가 약 1620여 킬로미터로, 남한 쪽의 길이는 690여 킬로미터이며, 높이는 100미터에서 2750미터까지 다양합니다.

 대간에서 갈래 쳐 나온 산줄기는 모두 열네 개인데 1대간과 1정간과 13정맥으로 이루어져 있으며 '산은 물을 넘지 못하고 물은 산을 건너지 않습니다.' 곧 산자분수령山自分水嶺입니다. 가령 백두산을 나무 기둥이라고 생각한다면 우리나라의 모든 산줄기는 나무뿌리라고 보면 됩니다. 아무리 작은 나무뿌리라도 모두 연결되어 있고 그 위에 나무 기둥이 있듯이 우리나라의 모든 산줄기 위에는 백두산이 있습니다. 이 땅의 산줄기가 백두산과 통한다는 개념은 우리가 전통적으로 땅을 보는 인식의 바탕입니다.

 그러나 일본이 조선을 지배하여 역사와 정신을 모조리 훼절하면서 백두대간 개념은 사라지고, 산줄기를 다섯 토막 내, 그들이 지은 이름인 마천령산맥, 함경산맥, 낭림산맥, 태백산맥, 소백산맥 같은 이름만이 공식적인 개념으로 남았습니다.

 그렇게 잊힌 백두대간은 1980년대 후반 고지도 연구가 고 이우

형 선생님께서 『산경표』를 발굴하여 옛 개념을 되살리면서 다시 세상에 나왔습니다. 이후 일부 학계와 산악계에 서서히 알려지기 시작해, 1988년도에 한국대학산악연맹이 백두대간을 부분 종주를 하며 소개를 했고, 1990년에는 내가 종주를 하고 백두대간 종주기를 『사람과 산』이라는 잡지에 연재를 하면서 백두대간 종주 붐을 일으키는 기폭제 역할을 했습니다.

이 땅에서 산을 좋아하고 산에 관심이 있는 사람이면 누구나 백두대간 종주를 하고 싶어 하고, 실제로 많은 사람이 종주를 하기도 했지만 한꺼번에 이어서 종주하기에는 시간도 너무 많이 걸리고, 무엇보다 무거운 짐과 물과 길을 찾으며 다녀야 하고, 반복되는 일상과 누적되는 피로감 등으로 고행의 연속이다 보니 쉽게 할 수 없는 일입니다. 더구나 사람을 별로 만날 수 없는 산에서 수도 없이 자신과 싸워야 하며, 닥친 상황에 따라 타협하거나 이겨 나가야 합니다. 그러한 백두대간 종주, 20년 전에 내가 한 백두대간 종주를, 20년 만에 아들과 함께 다시 하게 되었습니다.

백두대간 종주 산행은 약 두 달 정도 걸렸고 우리가 산행을 한 시기는 방학 기간도 아니었으니, 경쟁에서 이탈한 일이네, 의아한 일이네, 하는 어른들의 반응은 당연하다고 볼 수 있습니다.

기범이는 정규 학교를 가지 않고 나와 백두대간 학교에서 약 690킬로미터를 걸으며 산에서 텐트를 치고 야영을 하고, 직접 코펠에 밥을 해먹으며 길을 찾아야 했고, 때로는 배고픔도 참아야 했고, 추위도 견뎌야 했으며 아픔도 이겨내야 했습니다. 산에서 물을 찾아 길어서 지고 다녀야 했으며 그 모든 장비와 식량을 지고 다닐 수밖에 없는 참으로 힘겹고, 고단한 날들이었습니다.

자신이 직접 몸을 움직이지 않으면 그 어떤 것도 할 수 없는 시간이었고, 인적 없는 곳에서 산짐승과 마주치기도 했습니다. 심한 태풍을 만나기도 했고, 길을 잘못 들어서 엄청난 잡목 속에 갇힌 적도 있었습니다. 수직의 암벽에 매달려서 벌벌 떨기도 했습니다.

가도 가도 끝이 없는 길과, 수도 없는 오르막, 내리막의 산들이 원망스럽기도 했습니다. 너무나 힘겨워서 산이 자꾸만 뒤로 물러난다고 생각이 들 때도 있었고, 돌투성이 길이 무척이나 지겨웠던 적도 있있습니다. 힘에 겨운 나머지 중간에 포기하고 싶다는 생각을 수도 없이 했지만 주변 사람들의 관심과 도움에 힘입어 무사히 끝낼 수 있었습니다.

기범이는 정규 학교를 가지 않은 대신 백두대간 종주를 하면서 정말 많은 공부를 했다고 생각됩니다. 물론 본인은 너무 힘들었던 기억 때문에, 그리고 실제로 학교에서 한 공부가 아니기 때문에 무슨 공부를 했는지 잘 모를 수도 있습니다. 하지만 온몸으로 자연과 만나고 온 마음으로 자신과 만난 그 시간 동안 얼마나 소중한 공부를 했는지, 앞으로 그가 살아가면서 알게 되리라 믿습니다.

 백두대간 산행을 하면서 자연의 어느 것 하나 뜻 없이 만들어진 것은 없음을 알았을 테고 자연의 모든 것, 나무, 바위, 이끼, 풀, 돌, 숲, 덤불 그 자체로도 완성된 아름다움이 있음도 알았을 터입니다.

 또한 모든 것을 직접 체험함으로써 가장 확실하게 학습을 하게 된 시간이 아니었을까 싶습니다. 남들이 하는 공부를 하지 않고 자기만의 특별한 공부를 한 기범이와 나의 선택이 어리석고 세상에 뒤처지는 일로만 보일지도 모릅니다. 하지만 세상보기를 두루 공부한 기범이는 앞으로 어떤 어려운 일이 닥쳐도 헤쳐 나갈 힘이 생겼을 것입니다.

부족함을 배우지요

기범이는 아침에 산이 깨어나는 것도 눈으로 직접 보았고, 산을 뚫고 떠오르는 붉은 불덩어리 태양도 보았으며, 아침을 알리는 새소리의 리듬, 짐승의 움직임, 바람의 세기 등을 직접 보고 듣고 느꼈습니다. 또한 일출 못지않게 장엄한 일몰도 숨죽이며 감상했고, 산이 저무는 모습도 보았습니다.

 천상의 화원인 듯한 야생화의 세상도 보았고, 계절이 바뀌는 것을 몸으로 알아 갔습니다. 오전에는 단풍의 산을, 오후에는 낙엽의 산을 걸으며 자연의 오묘함을 느끼기도 했습니다. 밤하늘에 별이 엄청나게 많아 황홀해했고, 초저녁 둥근달이 서서히 기울어서 작은 낮달로 변하는 모습을 두 번이나 보았습니다.

  날씨가 점점 더 추워지며 밤은 길어졌고, 대신 산행을 해야 하는 낮의 길이는 점점 더 짧아졌습니다. 잠시 쉴 때나 점심을 먹을 때 그늘을 찾는 대신 햇볕이 있는 양지를 찾아야 했고, 온몸이 땀으로 목욕한 듯 젖었지만 조금만 움직임을 멈추면 금방 추위가 몰려 왔습니다.

  때로는 서로 의견이 맞지 않아 삐치고, 싸워서 말도 하지 않은 채 한참을 보내기도 했지만, 결국은 첩첩산중에 둘뿐인 우리는 화해를 해야 했고 서로를 조금씩 양보해야만 하는 것도 알게 되었습니다.

  어떤 때는 몸이 비틀릴 정도로 갈증이 극심했지만 물을 아끼느라 참아야 했고, 가뭄 때문에 물의 양이 줄어서 방울방울 떨어지는 물방울을 몇 시간 동안 모으기도 했습니다. 가끔은 물을 찾아 몇 시간을 헤맨 적도 있고, 겨우 물을 찾아서 길어다 놓고는 완전 녹초가 되어 버려, 밥도 생략하고 그냥 텐트만 치고 자고 싶은 적도 있었습니다. 몸도 아프고 갈 길은 끝이 없을 때 속울음을 삼킨 적도 있었고, 기범이는 왜 해야 하는지 도대체 알 수가 없어서 나를 원망도 했습니다. 따뜻한 방에서 원 없이 늦잠을 자고 일어나면 더 이상 소원이 없겠다 싶었고, 따뜻한 물에 목욕을 하고 나면 단숨에 백두대간을 끝낼 수 있겠다 싶기도 했습니다. 컴퓨터 게임은 그렇다 치고 음악이라도 마음껏 듣고 싶어 했습니다.

그때 우리에게 필요한 최소의 모든 것은 배낭 안에 있었고, 배낭에 없는 것은 아무리 간절하게 생각하고 그리워해도 우리 것이 될 수 없었습니다. 우리의 배낭 안에는 고작 2인용 텐트 한 동과 침낭, 그라운드 시트, 매트리스 같은 침구와, 코펠, 버너, 연료, 헤드 랜턴, 카메라, 라디오, 손전화, 수첩, 지도, 나침반 시계, 갈아입을 옷 한 벌과 양말 두 켤레, 장갑, 스틱, 그리고 약간의 약품과 식량, 물주머니와 물통이 전부였습니다.

그것만으로 살았습니다. 물은 하루에 3리터 정도 사용했습니다. 그 물로 밥 해먹고, 산행하며 마시고, 최소한의 세면을 했습니다. 물이 많이 부족했지만 살 수 없지는 않았습니다. 그것만으로도 살아갈 수 있음을 알았습니다. 물 3리터는 집에서라면 세수할 때에도 그것만으로는 부족할 양입니다. 우리는 물을 찾아야 했고, 받아야 했고, 지고 다녀야 했기 때문에 한 방울도 낭비할 수 없었고, 또한 물이 없으면 절대로 살 수 없으며, 물이 얼마나 소중한지 몸으로 알았습니다. 또한 얼마만큼 아낄 수 있는지도 알았습니다.

음식의 소중함도 절실히 깨달았습니다. 하루 종일 산행을 하느라 많은 체력을 소모하는 우리에게는 칼로리 보충이 필수였지만 지고 갈 수 있는 식량은 한정될 수밖에 없었습니다. 한창 커 가는 기범이로서는 부족할 수밖에 없었지만, 그래도 작은 주먹밥 하나를 서로에게 더 먹이겠다고 티격태격하다가 반으로 나눠 먹기도 했고, 보통 때는 절대 먹지 않을 것들, 즉, 기범이한테는 홍삼 캔디였고 나한테는 인스턴트 간식 같은 먹을거리인데, 그때는 그것도 맛있었습니다. 그것들도 너무나 소중하고 귀했습니다.

어쩌다 과일 한 알이 생기면 아까워서 못 먹고, 미룰 만큼 미루다가 배낭을 내리고 앉아서 꺼내 먹었는데 그 맛은 정말 환상적이라 할 만합니다. 빨리 먹어 버리기에는 아까워서 천천히 먹으려고 작정하지만 그것은 쉽지 않았습니다. 과일을 먹고 우리가 버리는 것은 꼭지와 씨앗뿐이었습니다.

요즘처럼 모든 깃이 너무 많아서 탈이 나는 세상에 언제, 어디서, 무엇으로 그런 경험을 해 보겠습니까. 먹을거리가 넘쳐나고 필요하지도 않은 것들이 만들어져서 세상을 오염시키고 있습니다. 우리는 점점 더 살기 어려운 세상을 스스로 만들어 가고 있습니다.

또한, 아무도 없는 산이지만 눈살 찌푸려지는 일도 많습니다. 산 이곳저곳에 쓰레기가 그냥 널려 있습니다. 당연히 보기 싫고, 알지도 못하지만 그것을 버린 사람들에게 욕을 하기도 했습니다. 무수한 개발로 산이 많이 망가져 가는 모습을 보고 우리는 참 마음이 아팠습니다. 산이 아파하고 있는 듯해서 말입니다.

기범이와 나는 짧다면 짧지만 길다면 길 수도 있는, 결코 쉽지 않은 길을 무사히 끝내고 돌아왔습니다. 나는 이미 몇 번 경험한 일이라 나름 각오가 되어 있었는데도 엄청 힘들었습니다. 하지만 기범이는 아무 경험도 없이, 더구나 별 준비도 없이 그 힘든 일을 해내느라 고생 많이 했습니다.

기범이는 그것으로 자기 또래는 흔히 경험할 수 없는 특별한 공부를 했습니다. 물론 학교 공부는 나쁘고 기범이가 한 공부는 좋다는 뜻은 아닙니다. 또래와 같은 시기에 같은 공부를 하는 것이 가장 좋을지도 모릅니다. 그렇지만 길이 정해져 있지 않듯 공부 또한 정해져 있지 않다고 볼 수 있겠고, 어떤 공부가 더 좋은 공부인가를 따지기보다는 그 공부가 그 사람에게 어떤 역할을 하는지도 중요할 수 있습니다.

나중에 기범이가 사회에서 어떤 역할을 할 때 학교 공부를 못했다고 후회할 수도 있겠죠. 하지만 학교 공부 대신 선택한 백두대간 학교에서 배우고 경험한 모든 것 역시 어떻게든 많은 도움이 되리라 생각합니다.

실은 기범이 어머니인 나로서는 내가 아는 방식의 공부가 그것이었고 아이에게 가장 잘 전달해 줄 수 있는 것이 백두대간 종주였기에, 그것이 잘한 일인지 확신이 서지는 않지만, 제가 아는, 잘하는 공부를 기범이와 함께했을 뿐입니다.

산에 오르는 것, 산에 들어 사는 것

나는 한때 우리나라를 대표하는 여성 산꾼으로서, 그때 내가 할 수 있는 모든 등반을 했습니다.

 암벽 등반은 물론이고 빙벽 등반, 히말라야 등반, 백두대간 종주 등 그 당시 오르는 산은 나의 전부 였다고 할 만큼 열정적으로 산에 올라 다녔습니다.

 마음속에 온통 산뿐인 내가 결혼해서 아이를 낳아 키우며 산악인에서 엄마로 바뀐 뒤, 도시에서의 삶을 접고 아이에게 지리산을 선물하겠다며 백일 된 아이를 업고 지리산에 와서 정착을 했습니다. 아이를 키우면서, 큰 산 아래 살면서, 오르는 산에 대한 열망은 더 이상 없어진 대신, 삶의 산이 편안하게 마음을 차지했습니다. 그전까지는 등산이었다면 그때부터는 입산이라 할 만했는데, 입산한 나는 산을 올라가지 않고도 행복했고 그냥 바라만 봐도 좋았습니다. 그전까지 내게는 뾰족한 암벽만 보였고 수직의 빙벽만 보였는데, 비로소 발아래를 내려다보게 되었고, 내가 딛고 있는 땅, 내 눈에 들어오는 모든 것이 새로운 느낌으로 다가왔습니다.

 산 전체뿐만 아니라 산에 깃든 모든 것, 즉 산을 기대고 옹기종기 모여 이루어진 마을, 터 좋은 곳에 자리 잡은 사찰, 유장하게 흘러오다가 강에서 풍덩 빠져 버린 능선, 산비탈을 일군 계단식

논, 밭, 수령을 알 수 없는 잘나고 못난 나무, 빛 좋은 양지에서 졸고 있는 무덤, 멧돼지가 목욕하고 간 늪, 동네 옆을 지나가는 작은 시내, 산길로 들어가는 오솔길, 오소리가 뚫어 놓은 작은 땅굴, 넘어진 지 오래돼서 이제는 나무라기보다 곤충의 집이 되어 버린 죽은 나무, 새들이 집을 지어서 알을 낳고 새끼를 키울 수 있게 자신의 팔을 내준 늠름한 나무, 나무에 뚫려 있는 구멍에 먹이를 저장하는 다람쥐, 무엇을 하는지 무척 바쁜 일이 많은 개미, 평소에는 느리기만 하지만 먹이를 발견하면 비호처럼 빨라지는 두꺼비, 뻐꾸기가 자기 둥지에 알을 낳을까 봐 숨어서 집을 짓는 오목눈이, 그 모든 것이 눈에 들어왔습니다.

모든 대상은 관심을 가지면 사랑하게 되는 듯합니다. 이름 모를 꽃 하나도 관심을 가지면 궁금해지고, 궁금해지면 알게 되고, 알게 되면 사랑하게 되고, 사랑하게 되면 이해하게 되는 듯합니다.
이렇듯 자연에 살면서 계절이 가고 오는 데 민감해져 작은 새소리나 바람의 변화에도 반응하게 되고, 어느 때 어느 곳에 무엇이 피어나고 지는지 알고 있는 나는, 계절을 앞서가는 선머슴처럼 계절의 변화에 따라 수시로 그곳을 오가며 확인합니다.

도시에서 살 때는, 다른 계절에 비해서 등반할 산이 많고 난이도 높은 등반을 더 할 수 있기 때문에 사계절 가운데 겨울을 가장 좋아했습니다. 그런데 자연에 살면서는, 사계절마다 다 특색이 있고 좋지만 그중에서도 봄을 가장 좋아하게 되었습니다. 유난히 봄이 빨리 찾아오는 남쪽에 살면서도 오는 봄을 맞이하는 마음은 여전히 좀 들뜨고 부산합니다.

  날씨는 아직도 추운 입춘이 지난 어느 날 아침 문득, 새소리가 어제의 새소리와는 다르다고 느껴질 때가 있습니다. 새들이 조금 더 빨리, 조금 더 높은 소리로 재재거립니다. 그러니까 봄은 새소리부터 옵니다. 그러면 나는 매일 올라 다니는 산길에서 눈과 귀를 더 크게 여는데, 계곡물 소리도 조금 바쁜 듯한 소리로 내려가고 나뭇가지는 이미 물이 올라 있음을 발견합니다. 잎보다 더 빨리 피어나는 봄꽃은 금방이라도 꽃망울을 터뜨릴 듯 탱탱해져서는 바람의 동정을 살핍니다.

  나무 가운데서도 성급한 나무가 있기 마련이라, 매년 그맘때는 그 나무에 수도 없이 가 보기도 합니다. 그러다 보니 나는 항상 그해 그 나무에서 피는 꽃을 가장 빨리 만나게 됩니다. 그러나 너무 일찍 피어 버린 매화꽃이 아직도 추운 밤에 얼지 않을지 걱정이 되어 그 다음날 더 빨리 가 보면, 그 나무는 추위에 아랑곳하지 않고 또 몇 송이를 피워 냅니다. 처음에는 아주 천천히 조금씩 피지만, 조금만 날씨가 포근해지면 경쟁하듯이 꽃이 피어나 온 세상은 꽃향기 속에 갇혀 버립니다. 산 아래 매화꽃과 산수유꽃이 필 때 산 속에는 생강꽃이 가장 먼저 피어납니다. 그다음 참꽃이 피고 매화꽃이 질 무렵 벚꽃과 앵두꽃, 산벚꽃이 피고, 이제 꽃보다 더 예쁜 여린 나뭇잎이 겨울 동안 묵묵히 견딘 나무의 생살을 뚫고 나옵니다.

 세상의 모든 생명은 어미에게 고통을 주고서 태어납니다. 우리의 엄마가 우리를 낳으실 때 고통을 겪으셨듯이 나무 또한 고통 없이는 태어나지 않을 테지요. 어미에게 고통을 주면서 세상에 나온 여린 생명은, 그러나 너무도 예쁩니다.
 나무만 출산의 고통을 겪지는 않습니다. 땅도 출산의 고통을 겪습니다. 겨울 동안 꼼짝없이 한자리를 견딘 작은 씨앗은 이제 땅을 들어 올리고 세상에 자신을 내밉니다. 수많은 종류의 씨앗이 저마다 살겠다고 거의 모든 땅을 뚫고 올라옵니다. 그러면 힘겹고 고통스럽지만, 모든 생명의 어머니인 땅은 태어난 생명을 먹이기 위해서는 아픈 내색도 잠시뿐입니다.
 세상에 나온 모든 생명은 위대한 어머니 땅에게 다 똑같은, 사랑하는 자식입니다. 사람 입장에서는 나쁜 풀 좋은 풀, 먹는 풀, 못 먹는 풀, 보기 좋은 나무, 보기 싫은 나무라고 틀 지워 가르지만, 땅에게는 그냥 똑같은 자식입니다. 모든 나뭇잎, 모든 씨앗이 막 태어날 때 모습은 잘 분간이 안 될 정도로 비슷하지만, 조금씩 몸을 키우면서 자신의 모습을 만들어 가면 그 모습이 너무나 귀여워서 나도 모르게 입술을 갖다 대기도 합니다. 또한 하루 사이에 얼마나 자라 있는지 궁금해서 그 다음날 아침에는 더 일찍 집을 나서고는 합니다.

 내가 몇 년 동안 매일 오르내렸던 산길은 매일 같은 길이지만 갈 때마다 느낌이 다릅니다. 특히 봄에는 새롭게 돋아난 풀이나, 미처 알아보지 못했던 나무나, 어느 날 아침 만난 낯선 새도 조금 부산한 편입니다.
 등산을 할 때는 올라가야 하는 대상에만 관심이 있을 뿐입니다. 그 안에 무엇이 있는지, 어떤 생명이 사는지는 관심 밖이었습니다. 오로지 오르기 위한 산이 존재할 뿐이었습니다. 등산에서는 산을 볼 수 없습니다. 입산을 해서야 비로소 산이 보였고, 산 안에 깃든 모든 것이 나와 다름없음을 알았습니다.

 궁금한 것이 많아지는 때이기도 합니다. 생강꽃이 어디만큼 올라왔는지, 어제 바위에서 마른 이끼를 떼어서 집을 마무리하던 딱새는 집을 완성했는지, 꽃은 피었으나 아직 추운 날씨 탓에 벌, 나비가 없는데 수정은 어떻게 하는지 궁금합니다.
 겨울 동안에는 부동자세로 전혀 움직임이 없지만 땅 밑으로는 뿌리를 더 아래로 내려 보내서 최소의 영양분과 물을 공급받으며 추위를 이겨 낸 여러해살이풀은, 기지개를 켜듯이 연록의 잎을 먼저 내보내는 놈이 있는가 하면, 성급하게 꽃대 먼저 올려 보내는 놈도 있어 비슷한 풀도 저마다 조금씩 차이가 있음을 알게 되기도 합니다.

새들의 집짓기가 마무리되고 알을 낳을 때쯤 우리 앞산뿐만 아니라 뒷산까지 참꽃이 환하게 피어나서 산을 화사하게 만듭니다. 사람 사는 곳에는 벚꽃이 구름처럼 피어나고 그 벚꽃을 구경하겠다고 사람들이 구름처럼 몰려올 때, 나는 봄 소풍 가듯이 가벼운 도시락 싸들고 뒷산으로 갑니다. 뒷산은 평소 매일 다니는 앞산과는 비슷하면서도 조금 다릅니다. 좀 더 호젓하고 좀 더 깊은 느낌입니다.

평소에는 가끔 올라가는 곳이지만 참꽃 철에는 자주 올라가는 이유가 있습니다. 온 산이 불 난 듯 참꽃으로 온통 덮여 있는데 그 꽃들의 표정은 언뜻 모두 비슷해 보이지만, 사실 그렇지 않음도 알게 되었습니다.

꽃은 저마다 활짝 웃는 모습인데 어떤 나무는 더 화사하게 '하하하하!' 하며 나를 향해서 웃고 있습니다. 그 꽃을 보고 있으면 내 마음도 같이 환해져서 가슴에 서늘한 느낌이 들 정도입니다. 꼭 박하사탕을 먹었을 때처럼 환한 느낌이 가슴에서부터 시작해서 온몸으로 퍼집니다. 나를 보고 저렇게 환하게 웃어 준 사람이 있었을까? 내가 누구에게 저렇게 환하게 웃어 준 적이 있었을까? 나를 향해서 환하게 웃는 꽃을 보자 비로소 그런 생각이 들었습니다.

봄은 기다림과 설렘 끝에 환한 웃음으로 오지만 느닷없이 가 버리기도 합니다. 봄에 취해, 꽃에 취해 이 산천, 저 산천 차례로 피어나는 꽃 마중하다 보면, 어느 틈엔가 봄은 속절없이 오자마자 또 가 버립니다.

사계절 모두 가르침을 줍니다

계절 가운데 봄만 좋은 것은 아니고 계절마다 그 나름 좋은 점이 있기 마련입니다. 봄꽃이 어느 날 눈이 내리듯, 꽃비 내리듯 와르르 한꺼번에 지고 나면 꽃이 피었던 그곳마다 구슬 같은 열매가 촘촘히 매달려 있고, 꽃에게 모든 에너지를 주었던 나무는 비로소 잎을 밀어 냅니다. 나무마다 처음 태어날 때 잎의 빛깔은 조금씩 다름을 알 수 있는데, 연록이 주를 이루지만 노란빛, 보랏빛, 주황빛, 분홍빛 등 참 다양해서 꽃과는 또 다른 아름다움이 있습니다. 긱긱 다른 잎은 소금씩 커 가면서 결국 자신의 모습을 찾아갑니다. 색깔은 거의 연두에서 초록으로 진초록으로 변하며 자신이 할 수 있는 만큼 햇볕과 영양분을 자신의 몸으로 받으며 간직합니다.

  그때쯤 새는 알을 부화시켜 새끼를 키워 내고서 날기 훈련과 먹이 잡는 훈련을 모두 시킨 뒤 둥지를 버리고 미련 없이 떠납니다. 잎은 커지면서 때로는 벌레집이 되어 주기도 하고, 때로는 벌레 알을 숨겨 주기도 하며, 때로는 벌레의 우산이 되어 주기도 하고, 때로는 벌레에게 몸의 일부를 내주기도 하며 한여름 뙤약볕을 고스란히 받아 냅니다. 태풍이 몰아쳐서 가지가 고스란히 부러져 버

꽃을 보고 있으면 내 마음도 같이 환해져서
가슴에 서늘한 느낌이 들 정도입니다.
꼭 박하사탕을 먹었을 때처럼 환한 느낌이
가슴에서부터 시작해서 온몸으로 퍼집니다.

리기도 하고, 간신히 버텼지만 잎이 찢기는 수모도 겪으며 더 강하게 자신을 지킵니다.

봄날 꽃은 무리지어 핍니다. 벌, 나비들이 미처 일을 할 수 없으니까 꽃을 많이 피워서 그중 일부가 바람으로 수정이 되고 대부분은 그냥 꽃으로 지고 말기 때문입니다. 하지만 여름 꽃에게는 그런 걱정이 없습니다. 벌, 나비 또한 많기 때문에 꽃이 많을수록 더 좋을 수도 있겠으나 꽃은 그러지 않습니다. 여름 꽃은 나뭇잎 안에 숨어서 피어납니다. 꽃도 봄꽃처럼 그렇게 많이 피지도 않습니다. 순전히 내 생각인데 아마 개체수가 너무 많아지면 문제가 되기 때문에 꽃의 숫자를 줄여서 생태계의 균형을 맞추는 것이 아닌가 싶습니다. 이 세상에 그냥 생긴 것은 아무것도 없어서 꽃이나 여러 다른 생명은 스스로 조절하는 능력이 있다는 생각입니다.

여름은 꽃보다는 잎이 무성해지는 계절이고 또한 몸을 키우는 계절입니다. 제 세상을 만난 곤충이 저마다 바쁘게 움직이는 계절이기도 합니다. 반딧불이가 은하수처럼 밤하늘을 장식하고 소나기가 지나가고 난 뒤 하늘은 더 맑고 푸릅니다.

어디서 왔는지 몸통이 빨간 고추잠자리 떼가 푸른 하늘의 한 풍경을 수놓으면 진초록의 잎은 거의 눈에 띄지 않을 정도이지만 변화하기 시작합니다. 산색 또한 약간 무거운 빛이 됩니다. 성급한 나뭇잎은 벌써 노란빛으로 물들어서 바람이 불 때를 맞춰서 나무에서 떨어져 버립니다. 주로 꽃을 빨리 피운 나무나 초봄 유난히 잎을 빨리 내보낸 나무가 더 빨리 가을을 준비합니다.

이제 결실의 계절입니다. 일년생 생명은 한생을 마무리하고 다년생 생명은 한 해를 마무리합니다. 봄에 꽃 피울 때 모든 힘을 모아 꽃을 피웠듯이 열매 맺을 때도 또한 모든 힘이 필요합니다. 어느 날 아침, 다른 날과 변함없이 그 길을 가는데 길에 떨어진 빛깔 고운 나뭇잎을 보면 그것을 주워 들고 머리 위를 살핍니다. 그때 머리 위에는 이미 가을이 와서 내려다보고 있다는 사실을 인정할 수밖에 없습니다. 그러고 보니 볕은 두터워진 느낌이고, 그림자는 깊어진 느낌이며, 계곡 물은 좀 차분해진 느낌입니다. 진초록의 잎은 점점 노랑이나 빨강이나 갈색으로 변해 가고, 열매는 나름 완숙한 자기 색깔을 찾아 마무리 준비를 합니다. 또 희노애락喜怒哀樂을 겪으며 조금 자라기도 하고, 조금 늙기도 하며 한 해를 어떻게 살았는지, 자신만 아는 나이테 속에 역사를 기록합니다.

이제 나무는 추운 겨울을 이겨 낼 준비에 들어갑니다. 자신의 몸에 꼭 필요한 것 이외에는 남김없이 떨어뜨려 버리고 빈 몸이 됩니다. 추운 겨울에 나뭇잎이 있으면 조금 덜 춥지 않을까 싶은 생각은 옷을 입는 사람의 생각일 뿐입니다. 나뭇잎이 있으면 나뭇잎을 살려 내느라 영양이 필요하게 되고, 그렇게 되면 뿌리에서부터 영양분을 빨아 올려 나무 기둥을 따라 전달해야 하고, 그러자면 나무는 그 영양분이나 수분 때문에 매서운 추위에 얼어 버릴 수밖에 없습니다. 그렇기 때문에 나무는 차라리 추위도 빈 몸이어야만 합니다. 가능하면 몸을 가볍게 해야 겨울을 견딜 수 있습니다. 움직임을 줄이고 겨울잠에 들어가는 이유도 마찬가지이리라 생각합니다.

사람도 겨울잠을 잔다면 이 세상이 훨씬 더 살기 좋은 세상이 되지 않을까 생각해 본 적도 있습니다. 실제로 농경 시대에는, 동면에 들어간 짐승만큼은 아니지만 사람도 겨울에 움직임을 최소한으로 줄이고, 작게 먹고, 많이 자며 보냈을 때가 있었을 것입니다. 동면에 들어산 곰도 그동안 새끼를 낳아 젖을 먹이듯이, 나무 또한 겨울에 잠만 자지 않고 움직임 없는 그 안에서 새 생명을 탄생시키느라 은밀하고 신비한 준비를 할 것입니다. 모진 추위를 견디면서 그런 준비를 하지 않으면 때맞춰 꽃피우고, 잎을 돋게 할 수 없고, 결실을 맺을 수도 없을 것입니다.

산 아래 산다는 것

이렇듯 살아 있는 것 하나하나가 정말 신비롭습니다. 이 세상에 나온 생명은 모두 각자 의미가 있을 터이며, 각자의 방법으로 최선을 다해서 열심히 살다 가고, 또 오는 것을 볼 수 있는 자연에서 살고 있음에 항상 감사합니다.

높은 산만 산인 줄 알았고, 오르는 산만 산의 전부인 줄 알았는데, 산 아래 살면서 비로소 산뿐만 아니라 산이 키우는 모든 것을 조금이라도 만날 수 있고 관심을 가질 수 있고 이해할 수 있어서 좋습니다. 이해를 한다는 것은 학교에서 선생의 가르침을 받거나 책으로 배워서 어떤 사실을 아는 것과는 다릅니다. 어떤 대상에 대한 관심과 사랑, 직접 체험함으로써 얻어지는 것입니다.

그래도 자연의 모든 것을 알기에는 아직 많이 부족하지만, 내 주변의 것과 서로 소통하고 서로 사랑할 수 있어서 참 다행이라는 생각이 듭니다. 가진 것이 많지 않아도 부족하다는 생각이 들지 않고, 모르는 것이 많아도 불편하지도 않고, 있는 그대로 만족할 수 있는 마음은 자연이 내게 준 선물입니다.

나와 백두대간을 다녀온 기범이는 그 고행 중에도 키가 자라서 어느덧 나와는 머리 하나만큼 차이가 납니다. 산행 중 내가 앞에서 걸어가며 수많은 거미줄을 몸으로, 얼굴로 걷으며 걸었는데, 가끔은 내 위에 있는 거미줄이 기범이 얼굴에 걸리기도 했습니다. 그러면 자신이 키가 컸기 때문에 걸렸으니 너그럽게, 오히려 기분 좋게 생각하며 킬킬대기도 했습니다. 그 산행 뒤 어머니인 나는 조금 더 늙어서 흰머리가 더 많이 생겼고, 기범이는 하늘 높은 줄 모르고 커 가고 있습니다. 그것이 자연입니다.

  이 모든 기적 같은 아름다움은 때로는 천천히 걷는 걸음, 그 걸음과 함께 느림이 가져다주는 것이기도 합니다. 온몸으로 자연과 만나며 자연이 베푸는 모든 것을 누리며 살아가는 것, 그것이 행복입니다.

경제성장이 안 되면 우리는 불행해질 것인가?

풍요는 공동체의 행복을 파괴할 뿐이야!

우애와 환대로 행복을 일구기 위하여 | 박승옥

박승옥

1970년 대부터 출판, 민주화운동, 노동운동을 해 왔다. 1992년부터 10여 년 동안은 농사를 지었고, 이후에는 농업과 에너지의 자립과 자치, 한국 사회의 생태적 전환을 위한 풀뿌리 공동체 운동에 작은 힘이나마 보태려 하고 있다. 현재 에너지시민두레 일을 하면서 한겨레두레공제조합연합회(준) 대표를 맡고 있다.

지금은 극단적인 풍요의 시대입니다

오늘날 우리는 정말 풍요로운 사회에 살고 있습니다. 그냥 풍요로운 정도가 아니라 온갖 상품이 넘치고 넘치는 극단의 소비 사회, 절정에 이른 번영의 시대를 구가하고 있습니다. 불과 몇십 년 전까지만 해도 자가용을 몰고 쇼핑을 하러 가는 일은 꿈에도 생각지 못했습니다. 그런데 지금은 그런 일이 보통 사람의 일상이 되어 버렸습니다.

한 가지 예만 들어 봅시다. 우리는 흔히 집에서 전기를 사용하는 일을 당연하게 생각합니다. 에너지 절약 캠페인 광고가 나와도, 그런가 보다 하고 심드렁하게 그냥 지나칩니다. 그런 대한민국의 일반 시민은, 아파트에 사는 경우, 대개 가구당 한 달에 300~400킬로와트 전기를 사용합니다. 1킬로와트의 에너지는 맨손으로 땅에 있는 경승용차를 에펠탑 꼭대기까지 끌어올리는 데 들어가는 에너지의 양과 같습니다. 세상에나! 어마어마한 에너지가 아닐 수 없습니다. 에펠탑 꼭대기의 높이는 서울의 남산 타워보다 높은 약 320미터나 됩니다.

4인 가족이 아무리 팔 걷어 부치고 젖 먹던 힘까지 다 짜내도 에펠탑 꼭대기까지 경승용차를 맨손으로 들어 올리는 일은 불가능합니다. 이런 일은 오직 슈퍼맨이 날아와야만 가능한 일입니다.

한 달에 300~400킬로와트의 전기를 쓰면 대략 3~6만원 정도의 전기요금이 나옵니다. 말하자면 우리는 보통 한 달에 몇만 원이란 아주 값싼 비용으로 슈퍼맨 300~400명을 고용하는 초슈퍼맨의 생활을 누리고 있는 셈입니다.

2010년 기준으로, 우리나라에서 4인 가구 기준 월소득 160여만 원 이하면 차상위 빈곤 계층에 속합니다. 하지만 160여만원이란 북한이나 동남아 노동자의 2~3년치 연봉에 해당하는 소득입니다.

그런데 아무리 차상위 빈곤 계층이라고 해도, 그 의식주 환경은 역대 어느 제왕 못지않습니다. 그저 잘산다는 뜻이 아닙니다. 지금 우리는 그 어느 때보다 절대적으로 많은 자원을 소비하면서 편리함을 누리며 살고 있다는 말입니다.

생각해 보십시오. 세종대왕이 여름에 에어컨 나오는 가마를 타고 출퇴근하지는 않았을 테고, 네로 황제가 겨울에 파티를 열면서 지구 반대편에서 만들어진 칠레산 포도주와 수박을 먹지는 못했을 겁니다.

지금 이 순간이 한반도에 인류가 살기 시작한 이래 물질적으로는 가장 풍요로운 시대임에 틀림없습니다. 하지만 이런 호사스런 환경과 풍요는 이전에도 없었고 앞으로도 다시는 누릴 수 없으리라 생각합니다.

한국 자본주의는 정점에 도달했습니다

지금 우리가 살고 있는 세상은 자본주의 산업 문명의 세상입니다. 우리는 자본주의, 경제성장, 개발, 산업화, 과학기술 등을 너무나 당연하게 생각하는 경향이 있습니다. 하지만 서구에서 시작된 자본주의와 산업 문명은 불과 몇백 년 전부터 시작된 변화입니다. 자본주의 산업화가 빠르게 진전되기 시작한 지는 채 200년이 안 됩니다. 특히 대량생산, 대량소비를 하는 산업사회는 제2차 세계대전 이후에 유럽과 미국에서부터 시작되어 전 세계로 퍼져 나갔고, 지금도 중국과 인도, 브라질, 러시아 등으로 빠르게 확산되고 있는 중입니다.

인류 역사를 대략 600만 년 정도로 보고 칠판에 그래프를 그린다면, 지금 우리가 당연하게 생각하고 있는 이런 자본주의 산업 체제의 역사 200년은 칠판 맨 오른쪽의 점 하나로 표시될 정도의 짧은 기간, 아주 순간입니다. 자본주의 체제는 어떻게 보면 인류 역사에서 아주 특이하고, 비정상에 가까운 기괴한 체제라고 말할 수 있습니다.

근대 이전의 사회에서 가장 중요한 분야는 농업이었습니다. 그러나 산업혁명 이후 세상은 바뀌었습니다. 산업화된 근대 사회에서는 자동차, 가전제품, 선박, 휴대폰 같은 기계제품을 만드는 산업이 가장 중요합니다. 농업은 시대에 뒤떨어진 아주 낙후된 산업이자 포기해도 되는 산업으로 간주됩니다. 우리나라만 해도

2009년 기준, 현재 농민의 수는 전체 인구의 6.4퍼센트, 농업 생산액은 명목국민총생산액 가운데 3퍼센트에 지나지 않습니다.

우리는 지난 100년 동안 서구화, 근대화만을 최고의 가치로 여기고 오직 그 길로만 일로매진해 왔습니다. 이런 서구화, 근대화 지상주의는 조선이 일본 제국주의의 침략으로 망하게 된 뒤 민족해방투쟁을 하는 기간 내내, 그리고 해방 이후 새로운 자주독립 국가를 만들 때에도 변함없는 신앙이었습니다. 그리하여 남북이 분단된 뒤에도 남한은 자본주의 근대화 정책을, 북한은 사회주의 근대화 정책을 취해 부국강병의 산업사회로 빠르게 전환하고자 했습니다.

실제 남한과 북한은 압축 경제성장과 개발에 성공했습니다. 1970년 대 초반까지는 북한 사회주의가 남한보다 훨씬 경제성장과 개발에서 앞서 나갔습니다. 그러다 1970년 대부터는 남한이 미국의 지원 아래 경제개발 5개년계획을 실행한 성과가 나타나기 시작하면서 남한의 자본주의 경제가 북한을 추월하기 시작했습니다. 그리고 이제 남한은 이른바 압축 경제성장에 성공한 모범국가로, 세계 12위의 경제 규모를 자랑하는 선진국으로 성장했습니다. 몇 가지 통계만 살펴보아도 이런 경제성장의 신화를 확인할 수 있습니다.

1953년 67달러이던 1인당 국민소득은 2007년 2만 45달러로 299배 증가하였습니다. 자동차는 1962년 1800대 생산에서 2007년에는 408만 6000여 대로 2270배, 무역 규모는 1948년 2억 3000만 달러에서 2007년에는 7283억 3500만달러로 3167배, 수출은 1948년 2200만달러에서 2007년 3714억 9000만달러로 1만 6886배, 수입은 1948년 2억 800만달러에서 2007년 3568억 5000만달러로 1716배 증가하였습니다. 통계청 발표에 따르면 2009년 기준, 한국은 이제 국내총생산 세계 14위, 수출입 규모 세계 12위, 외환 보유액 세계 6위, 1차 에너지 총소비량 세계 10위, 선박 건조량 세계 1위, 조강 생산량 세계 5위, 전자제품 생산액 세계 4위, 인터넷 이용자 수 세계 3위에 이르는 등 제3세계 사람들이 부러워하는 공업국가가 되었습니다.

1953년 한국전쟁의 폐허 위에서 굶주림과 생활고에 시달리던 국민소득 67달러 수준과 견주면 50년 사이에 정말 천지가 개벽했다고도 말할 수 있을 정도입니다. 지금 젊은이들은 이해하기 힘들 수도 있지만, 적어도 50대 이상의 성인은 이처럼 가난했던 1970년 대 이전의 생활을 아직도 생생하게 기억하고 있습니다. 그때는 날마다 목욕을 한다는 일은 상상할 수도 없고, 겨울 한 철 한 번 정도 목욕탕 가는 일이 중요한 연례 행사였습니다. 한 번 입고 처박아둔 티셔츠가 도대체 몇 벌인지 알 수도 없는 요즘의 젊은이와는 달리, 1980년 대 이전에는 설날 때와 한가위 때 한 벌씩 새옷을 받는 일이 가장 큰 기다림과 기쁨이었습니다. 이러한 물질적 풍요만 봐도, 한마디로 한국 자본주의는 정점에 도달했습니다.

한국은 사막 사회입니다

그러나 이런 풍요의 이면을 들쳐보면 악취 나는 한국 사회의 진면목이 그대로 드러납니다. 이런 호사를 누릴 수 있는 사람은 극히 소수라는 데 문제가 있습니다. 전체 인구 가운데 흥청망청 소비를 마음껏 즐길 수 있는 사람은 20퍼센트에 불과하고 나머지 80퍼센트는 하루하루 생존하느라 허덕거리는 비참한 노예 생활을 하고 있습니다. 부익부 빈익빈의 양극화는 갈수록 더 심해지고 있습니다.

오늘날 우리 사회에는 '사회적 타살'이라고 일컫는, 빈곤 때문에 자살하는 사람이 하루에 3명 이상이나 됩니다. 순전히 가난 때문에 자식을 아파트 밖으로 내던지고 자신도 몸을 던지거나 극단의 경우에는 분신이라는 끔찍한 일까지 저지르고 있습니다. 외환위기로 IMF 구제금융사건이 벌어진 1997년, 자살자 수는 6000명이었습니다. 그런데 2008년 자살자는 그 두 배가 넘는 1만 2858명이나 됩니다. 한국은 지금 세계 1위의 자살공화국입니다.

지난 10년 사이 빈곤층은 11퍼센트 대에서 20퍼센트 대로 2배 늘어났습니다. 비정규직은 전체의 절반을 넘어섰고, 청년 실업자는 100만 명이 넘었으며, 취업을 했더라도 취업자의 70퍼센트가 월 소득 200만원 이하입니다. 300만 명이 넘는 신용불량자, 100만에 이르는 단전단수 가구, 7백만 명으로 추산하는 빈곤 계층 등

전체 인구 가운데 흥청망청 소비를 마음껏
즐길 수 있는 사람은 20퍼센트에 불과하고
나머지 80퍼센트는 하루하루 생존하느라
허덕거리는 비참한 노예 생활을 하고 있습니다.
부익부 빈익빈의 양극화는 갈수록
더 심해지고 있습니다.

환하게 불빛을 밝히고 있는 지역과 그렇지 않은 지역이 잘 드러나는 위성 사진. 원 안의 어두운 북한과 지나치게 밝은 남한의 밝기가 대조적이다.

우리 사회가 얼마만큼 극단으로 양극화가 진행되고 있는지 알려주는 지표는 너무나 많습니다.

지금 한국은 흔히 말하는 20 대 80의 사회도 넘어섰습니다. 1997년 외환위기 이후 한국 사회에서, 극소수의 부유층을 제외하고는 온 국민이 빈곤의 위협에 그대로 노출되어 있는 '불안정 계급'으로 전락했다고 해도 틀린 말이 아닙니다. 노동자는 저임금의 비정규직으로 전락하고 농민의 생활은 더욱더 빚더미에 가위눌리는, 일하는 사람이 점점 더 못사는 사회로 바뀌어 버리고 말았습니다.

학교는, 영어로 공부하고 영어 제국주의 정신이 골수에 박힌 누런 피부 흰 가면의 노예를 양산하는, 오로지 돈과 물질만이 만능인 자본주의 노예 학교로 변질되어 버린 지 오래입니다. 거기다, 극소수를 제외한 대부분 젊은이를 열등한 비정규직의 천민으로 탈락시키는 경쟁 제일주의 제도는 더욱더 단단하게 굳어져 버렸습니다. 이러한 무한 경쟁에서 탈락한 사람은 이 사회의 구성원 대접도 못 받습니다.

더구나 우리의 땅과 자연은 성장을 전면에 내세운 독재정권의 개발·투기 정책과 산업화 정책을 단 한 번의 성찰과 반성 없이 되풀이 확대재생산해 오면서 만신창이가 되어 버렸습니다. 그런 땅덩어리를 놓고 또 상위 1퍼센트가 국토의 40퍼센트 이상을 소유하고 있고, 10퍼센트의 인구가 74퍼센트의 땅을 가지고 투기 놀음을 벌이고 있습니다. 이른바 이명박 정부의 4대강 사업은 이런 개발과 투기의 종합판이자 극단에 이른 경제성장 지상주의의 종합판입니다.

2010년 다보스 세계경제포럼이 발표한 한국의 환경성과지수 EPI, Environmental Performance Index. 국가별 환경수준을 계량화·평가한 환경 분야 종합지표는 2008년에 비해 43위나 떨어진 94위로, 경제협력개발기구OECD 30개 회원국 가운데 꼴찌입니다. 또한 국토를 얼마나 잘 보존하면서 경제 활동을 지속하는지를 보여 주는 환경지속성지수 ESI, Environmental Sustainability Index 역시 최하위권이며, 서울의 대기 오염도, 농약과 화학비료로 인한 농업 오염도 역시 1위권입니다. 게다가 식량 자급률은 25퍼센트 대로 최하위권을 맴돌고 있습니다. 전쟁광이었던 미국의 전 대통령 부시조차 농업을 자립하지 못하고 식량을 자급하지 못하는 국가는 상상할 수 없으며 국가는 모든 수단을 동원해 농업을 지원해야 한다고 소리높이 외치는 판에, 미국식 경제를 글로벌 스탠다드라고 우러러 받드는 한국의 관료는 식량이 없으면 휴대폰 팔아 식량을 사먹으면 된다고 강변하고 있는 상황입니다. 프랑스 혁명 당시, 빵이 없으면 케이크를 먹으면 되지 않느냐고 했다던 왕비의 말과 어쩌면 그렇게 비슷한 사고 구조인지 모르겠습니다.

또한, 한국은 지금 상부상조의 공동체마저 다 파괴되어 버리고 말았습니다. 가족조차 해체되고 있습니다. 자본주의는 자본이 주인이란 뜻입니다. 지금 우리는 오직 돈과 물질만을 최고의 가치를 지닌 신으로 여기고 있습니다. 그래서 돈을 놓고 가족끼리도 살벌하게 전쟁을 벌입니다. 친구도 이웃도 없이 오직 돈만을 추구하는 만인의 만인에 대한 전쟁만이 치열하게 전개되고 있습니다.

한마디로 오늘날 한국 사회는 사람이 살 만한 공동체라고 말하기가 부끄러울 정도로 살벌한 사막 사회가 되고 말았습니다. 그리고 우리 사회는 미래가 없는, 아니 미래를 전혀 준비하지 않는, 타이타닉호 침몰하기 5분 전의 사회, 삼풍백화점 붕괴하기 5분 전의 풍요를 구가하는 베짱이 사회입니다.

자본주의 석유 문명은 붕괴됩니다

자, 이렇게 사막 사회가 되어 버렸는데, 한국 자본주의의 경제성장은 이제 더 이상 불가능해진다는 점이 문제입니다. 아니 더 나아가, 머지않아 한국 경제는 붕괴되고 맙니다. 한국 자본주의의 경제성장, 아니 전 세계 자본주의 경제의 개발과 성장을 가능하게 했던 에너지, 특히 석유가 고갈되어 가고 있기 때문입니다. 석유뿐만 아니라 각종 천연자원도 고갈되어 가고 있기 때문입니다.

자본주의 산업 문명은 석유 문명입니다. 우리의 일상생활에서 석유와 석유 제품을 제거해 보십시오. 침대에서부터 옷과 칫솔, 치약에 이르기까지, 가전제품에서 자동차와 주택에 이르기까지 석유가 없다면 우리의 풍요는 뜬구름처럼 사라지고 맙니다. 현대 사회에서 석유는 에너지이자 의식주 자체이기 때문입니다.

하지만 값싼 석유의 시대는 갔습니다. 이제 석유는 배럴당 200, 300달러가 문제가 아니라, 확보하는 일 자체가 하늘의 별따기처럼 어려워지게 될 날이 멀지 않았습니다. 그리고 이윽고는 석유 자체가 지구상에서 영원히 사라져 버리게 됩니다.

지금까지 인류는 석유를 대략 1조 배럴 조금 안 되게 소비했습니다. 인류는 100년이라는 그야말로 찰나 같은 짧은 시간에, 수백만 년에서 수억 년에 걸쳐 만들어진 자연의 보물인 석유를, 소양댐 44개가 가두고 있는 물의 양만큼이나 마구잡이로 퍼다 썼습니다. 이것은 땅 속에 있는 전체 석유의 대략 절반 정도에 해당하는 양입니다.

전 세계에 남아 있는 석유 매장량은 기관과 사람에 따라 천차만별로 다르게 추정하고 있습니다. 국제에너지기구 IEA, International Energy Agency는 2조 6천억 배럴, 미국지질조사연구소는 3조 1천억 배럴, 석유가스정점연구회 창설자 가운데 한 명인 콜린 캠벨은 2조 5천억 배럴로 봅니다. 대략 2조 배럴 조금 넘는다고 예측하는 사람이 많습니다. 남은 매장량이 얼마건 석유는 명확히 언젠가는 고갈되는 자원입니다.

석유를 생산하는 유전은 전 세계에 걸쳐 약 2만여 곳이 있습니다. 전 세계 석유 생산량은 하루 약 8000~8500만 배럴 정도이며, 하루 10만 배럴 이상 생산하는 약 110여 개의 거대 유전에서 전 세계 석유 생산량의 40퍼센트 이상이 나옵니다. 물론 이 통계는 어디까지나 추정치입니다. 전 세계 원유생산 국가들은 지금까지 한 번도 정확한 석유 생산량을 공개한 적이 없기 때문입니다. 모든 산유국은 석유 관련 자료를 국가 최고급 비밀로 하고 있습니다.

1956년, 유명 석유 회사인 쉘에서 지질학자로 일한 킹 허버트가 미국의 석유 생산량은 1970년에 정점에 도달한다고 주장하고, 실제로 허버트의 예측이 그대로 들어맞은 이래, 석유 정점 Peak 이론은 에너지 문제의 화두로 등장하기 시작했습니다. 이제 국제에너지기구나 세계 주요 거대 석유 회사들도 이를 인정하고, 2020년에서 2030년 사이가 그때이리라고 발표할 정도에 이르렀습니다. 공식적으로 발표되지는 않았지만 국제에너지기구의 내부 비밀연구에서는 석유 정점을 2014년으로 추정했다는 이야기도 있습니다. 대체로 석유 정점은 2010년에서 2020년 사이 어느 지점이리라고 주장하는 사람이 가장 많은 편입니다.

미국을 비롯해서 리비아, 베네수엘라, 인도네시아, 알제리, 이란, 멕시코, 노르웨이, 영국, 나이지리아 등 이미 전 세계 50개 남짓 산유국 가운데 그 절반인 25개 나라 이상이 정점을 지났습니다. 특히 세계 석유 생산량 1위이자 석유 정점의 시기를 판단하는 기준치인 사우디의 생산량도 2005년 1111만 4000배럴을 정점으로 2006년 1085만 3000배럴, 2007년 1041만 3000배럴로 계속 감소하고 있습니다. 유전 발견의 정점도 이미 1963년에 지났습니다. 1990년 이후 발견된 유전의 평균 생산 규모는 5000만 배럴에 지나지 않습니다.

석유 정점은 특정한 어느 해 어느 날로 예측할 수 없습니다. 생산량이 비밀이라는 사실 때문에도 그렇지만, 생산량 자체가 다양한 요인 때문에 늘 오르락내리락하기 때문입니다. 유가는 하늘 높은 줄 모르고 오르는데도, 공급량은 더 이상 늘어나지 않고 평평한 지평선을 그리는 상태가 계속되면(고원 현상 plateau phenomenon), 즉, 공급의 가격 탄력성이 적어지고, 그런 현상이 한동안 지속되다가 이윽고 더 이상 생산량이 늘어나지 않고 하락하기 시작하면 그때가 바로 석유 정점의 시기입니다. 그런데 지난 30개월 이상 석유 생산 곡선은 대체로 개마고원처럼 평평한 지평선을 그리고 있는 중입니다.

석유 정점은 단지 석유가 고갈되고 생산이 정점에 도달했다는, 석유 생산의 공급·수요 곡선에만 한정된 문제가 아닙니다. 이는 현대 자본주의 산업 문명 자체의 붕괴로 이어지게 됩니다. 자본주의 산업 문명은 값싼 에너지를 주춧돌로 하고, 시간이 지나면 지날수록 이를 더욱 흥청망청 쓰면서 현재 경제, 정치, 사회, 문화 모든 분야를 이루었습니다. 따라서 이 주춧돌이 무너진다면, 그 충격은 1970년대 오일 쇼크와는 비교할 수 없을 정도로 엄청 석유 정점은 단지 석유가 고갈되고 생산이 정점에 도달했다는, 석유 생산의 공급·수요 곡선에만 한정된 문제가 아닙니다.
이는 현대 자본주의 산업 문명 자체의 붕괴로 이어지게 됩니다.

날 것입니다.

　석유 정점만이 문제가 아닙니다. 식량 정점도 다가오고 있고, 다른 무수한 천연자원 또한 고갈되어 가고 있습니다.

끔찍한 식량 재앙도 다가오고 있습니다

제2차 세계대전 이후, 군사용으로 사용되던 엄청난 양의 화학무기가 산더미처럼 재고로 쌓이게 되었습니다. 그러자 이들 군사용 화학무기는 곧 농약과 샴푸 등으로 개발되어 논과 밭, 그리고 사람 몸에 뿌려지기 시작했습니다. 그 결과 식량 생산량은 2.5배~3배 늘어났습니다. 1945년 대략 20억이던 세계 인구는 지금 67억으로 늘었습니다.

　농약뿐만이 아닙니다. 사실 지금 우리는 석유를 먹고 있다고 할 수 있습니다. 한 끼 식사의 90퍼센트가 정확히 석유와 가스이기 때문입니다. 곡물 생산에 들어가는 화석연료 에너지의 3분의 1은, 1헥타르 당 200시간이 들어가는 사람의 노동력을 1.6시간으로 줄이는 데 쓰입니다. 나머지 3분의 2의 에너지가 곡물 생산에 들어가고 그 가운데 3분의 1이 비료로 들어갑니다. 이렇듯 오늘날의 농업은 석유 농업입니다.

　잘 생각해 보십시오. 씨앗, 논밭 갈기, 비료, 농약, 가을걷이, 도정, 포장, 운송, 보관 등 농업 생산과정에서 석유가 투입되지 않는 분야가 없습니다. 우리는 사실상 석유를 먹고 뒤룩뒤룩 살이 쪄서는 다이어트를 한다고 이상한 기계 위에서 땀을 흘리는 괴상한 포유류가 되어 버리고 말았습니다. 게다가 먹지 않고 버리는 남한의 음식 쓰레기 양은 북한 동포의 굶주림을 모두 해결하고도 남을 양입니다.

굶주림 없는 세상을 만들어 줄 것 같던 녹색혁명 또한 이제는 불가능한 환상임이 드러나고 있습니다. 녹색혁명의 산실이었던 필리핀 국제미작연구소 IRRI, International Rice Research Institute는 록펠러 재단을 비롯한 석유업자와 농약, 비료를 만드는 거대 화학회사가 자금을 지원했습니다. 결국 여기서 만든 종자는 이들 화학회사가 만든 농약과 비료를 투입해야만 하는 종자였습니다.

또한, 전 세계 경작지 면적은 1980년대부터 줄어들기 시작했습니다. 매년 약 240억 톤이 넘는 표층토, 즉 경작에 쓰이는 흙이 유실되고 있습니다. 이렇게 표층토가 유실된 농토는 곧바로 염분이 많은 불모의 땅으로 변하고 사막화가 진행됩니다. 흙이 1센티미터 만들어지는 데 대략 200년이 걸린다고 합니다. 그렇다면 이 사라진 농토를 되살리기 위해서는 도대체 얼마만큼의 시간이 필요할까요?

석유 농업은 각 지역의 환경에 적응해 왔던 전통 농업과 가족 소농을 녹색혁명이라는 허울 좋은 이름 아래 완전히 파괴해 버리고, 다국적 곡물 메이저의 노예로 전락시켜 버렸습니다. 게다가 이제는 생명공학이라는 끔찍한 과학기술로 유전공학 농업까지 확산시키고 있는 중입니다. 이렇게 과학기술을 이용하는 현대 자본주의의 석유 농업, 유전공학 농업은 사실상 인간과 자연을 극한까지 착취하는 농업이며, 소수 석유 메이저의 이윤 때문에 수많은 사람이 굶주리고 비참하게 생활하다 죽어야만 하는 흡혈귀 농업입니다.

석유 정점이 되면 석유와 천연가스 가격은 천정부지로 올라갈 테고, 당연히 지금의 값싼 비료와 농약, 농자재, 농기계, 즉 석유를 논밭에 투입하는 일이 불가능해집니다. 곡물 생산량 감소는 필연이며, 식량 위기, 식량 전쟁 또한 필연입니다. 2008년 2월 카메룬에서는 식량 폭동이 일어나 40여 명이 죽었습니다. 4월에는 아이티에서 일주일 동안 식량 폭동이 일어나 2명이 죽고 총리는 해임되었습니다. 그 당시 이집트에서 인도네시아까지 전 세계 50여 나라에서 식량 폭동이 걷잡을 수 없이 확산되었습니다. 바야흐로 세계는 지금 무차별로 터지는 식량 폭탄 때문에 곳곳이 지옥도로 변하고 있는 중입니다.

국제투기자본의 투기가 고유가와 곡물가 폭등을 부채질했음은 명백한 사실입니다. 오늘날 전 세계 외환 거래에서 실제 상품 거래에 쓰이는 액수는 고작 2퍼센트에 지나지 않습니다. 나머지는 대부분 국제투기자본의 이동이라고 보면 됩니다. 투기자본이란 적어도 20퍼센트 이상의 단기 고수익을 노리면서 먹잇감을 찾아

전 세계를 누비고 다니는 하이에나입니다. 1997년 한국을 공격해 순식간에 서울의 빌딩에서부터 대기업까지 산업 전반을 먹어 치운 IMF 사태는, 바로 그런 투기자본이 인정사정없이 포식해 버린 사례 가운데 하나입니다. 문제는 그런 하이에나가 왜 곡물과 석유, 철과 구리와 아연 등 천연자원을 먹잇감으로 선택했는가에 있습니다. 곡물 소비량은 급증하지만 곡물 생산량이 더 이상 늘어나지 않고 있는 허기진 공급 부족의 먹잇감을 놓칠 하이에나는 없습니다.

사실 현재의 곡물 생산량은 지구상의 67억 인구를 충분히 먹여 살리고도 남습니다. 하지만 지금 세계 곡물 생산량의 40퍼센트는 가축사료로 소비되고 있습니다. 굶을 걱정 없는 사람들의 육식, 특히 패스트푸드 산업을 위해서죠. 특히 미국은 곡물 생산량의 80~90퍼센트를 가축사료용으로 소비합니다.

굶주리는 사람을 대상으로 배를 불리며 국제 곡물 교역량의 80퍼센트를 점유하고 있는 미국계 카길(40퍼센트), 아처 대니얼스 미들랜드(16퍼센트), 프랑스계 드레퓌스(12퍼센트), 아르헨티나계 벙기(7퍼센트), 스위스계 앙드레(5퍼센트) 등 5대 곡물메이저와 유전자조작 종자와 농약을 생산하는 몬산토 같은 다국적 기업이 있는 한, 그리고 이들을 지원하여 소농 중심의 지역 식량 자립을 무너뜨리고 있는 국가가 있는 한, 이 같은 어처구니없는 불평등은 지속될 수밖에 없습니다. 현재의 굶주림은 분명히 식량 생산의 문제가 아니라 불평등 체제의 문제이고 민주주의의 문제입니다.

세계 식량 생산량은 1996년 이후에는 정체 상태에 머물러 있습니다. 밀과 쌀 가격이 2배로 뛰었던 1970년대 초 이래 세계 곡물 재고량은 60일분이 채 안 되는 최저치를 기록하고 있는 중입니다. 지난 50년 동안 세계 곡물 시장은 늘 과잉 생산과 과잉 공급 상태였는데, 21세기 들어 곡물 시장은 공급 과잉에서 공급 부족으로 바뀌고 있습니다. 2004년 초 중국이 마침내 밀 800만 톤을 수입해야 하는 식량 수입국으로 전락했습니다. 그해 8월 중국은 베트남으로부터 쌀 50만 톤을 수입하고자 했으나 거절당했습니다. 아니 베트남은 거절한 게 아니라, 즉각 쌀 수출 금지령을 내렸습니다. 국제 쌀 교역량이 현재 약 2500만 톤 규모이고 이 가운데 1600만 톤을 태국, 베트남, 미국이 수출하고 있는 점을 감안하면, 중국이 식량 수입국으로 전락한 일이 앞으로 얼마나 국제 곡물 시장을 혼란하게 만들지 짐작할 수 있습니다.

그런데도 식량 자급률 25퍼센트 정도, 쌀을 제외하면 5퍼센트 정도인 우리의 현실을 심각하게 생각하는 사람은 별로 없고, 여전히 음식 쓰레기는 산더미처럼 양산되고 있습니다. 또한 북한의 식량 자급률이 무려 70퍼센트 정도인데도 수를 헤아릴 수 없는 사람이 굶주림으로 죽어 갔다는 사실 또한 그저 우리와는 거리가 먼 얘기로 흘려들을 뿐입니다.

기후변화는 어디까지 갈까요

사람들은 채 200년도 안 되어, 땅속에 파묻혀 있던 화석연료를 어마어마하게 퍼 올려 소비했습니다. 그 결과 땅속에 수억 년 동안 잠자고 있던 이산화탄소가 대기 속으로 다시 귀향해 버렸습니다. 이제 기후변화는 사람이 스스로 불러일으킨, 돌이킬 수 없는 부메랑이 되어 돌아오고 있습니다. 19세기 이전 대기 중 이산화탄소 농도는 약 280ppm이었으나 2000년에는 약 380ppm, 유엔 정부간기후변화위원회 IPCC, Intergovernmental Panel on Climate Change 추산으로는 2007년에는 약 400ppm에 육박했다고 합니다. 지난 수십만 년 동안 이산화탄소 농도가 280ppm을 넘은 적이 없었습니다. 그런데 지금 이 순간에도 1년에 약 80억 톤의 탄소가, 이산화탄소로 환산하면 300억 톤이 대기 중으로 뛰쳐나오고 있습니다.

이러한 무분별한 화석연료의 소비가 불러일으킨 지구온난화 현상은 도처에서 확인됩니다. 북극과 남극의 빙하가 빠른 속도로 녹아 버리고 있습니다. 히말라야와 알프스, 킬리만자로의 빙하와 만년설이 사라지고 있습니다. 이 때문에 해수면은 계속 상승하고 있고 남태평양 투발루를 비롯해 섬들이 바닷물의 상승으로 잠기고 있습니다. 그린란드가 다 녹으면 해수면은 6미터 정도 높아지리라 예측하는 학자도 있습니다. 북극의 빙하가 녹아내리면서 멕시코 난류 Gulf Stream의 흐름이 3분의 1이나 줄어들었고, 이로 인해 유럽에는 조만간 빙하기가 도래하리라는 불길한 예측마저 나오고 있습니다. 시베리아 툰드라 지대와 알래스카 등 영구동토층이 녹으면서 얼음 밑에 저장되어 있던 메탄가스 또한 대기 속으로 빠르게 편입되어 들어가고 있습니다. 메탄가스는 이산화탄소보다 21배나 강한 온실가스입니다. 특히 대부분 축산업에서 발생된 대기 중 메탄가스 농도는 산업혁명 이후 2배나 증가했다고 얘기되고 있습니다. 모두 기후변화가 가속화하면서 일어나는 현상입니다.

지구촌 곳곳에서 지금까지와는 전혀 다른 극심한 홍수와 가뭄, 카트리나 같은 초대형 태풍이 자주 반복되고 있는 실정입니다. 한국에서도 겨울에 극심한 가뭄이나 한파와 폭설 등이 반복되고 있습니다. 당연합니다. 지구온난화가 얼음을 녹이면서 수증기가 그만큼 많아졌고, 이는 여름과 겨울의 기후를 급격하게 바꾸고 있는 중입니다. 이러한 기후변화로 황금개구리를 비롯해 몇몇 동물종은 멸종 위기에 처하게 됐고, 몇몇 종은 이미 멸종했다는 보고도 있습니다. 무엇보다도 기후변화는 식물을 혼란에 빠뜨려 개화 시기에 이상이 생기면서 식량 생산에 심각한 영향을 미치고 있습니다.

또한, 물 공급을 둘러싼 전쟁도 빠르게 다가오고 있습니다. 기후변화로 인한 가뭄으로 농업용수는 말할 것도 없고, 식수로 쓰는 지하수까지 고갈되고 있습니다. 아프리카와 호주의 심각한 물 부족 사태는 도시 자체를 폐허로 만들고 있습니다. 히말라야 만년설이 녹아내리면 인도 북부와 동남아 일대까지 농업을 할 수 없는 상황이 닥치리라 예측되고 있습니다. 이렇게 세계는 바야흐로 물 전쟁의 시대로 들어가고 있는 중입니다. 한국도 예외가 아닙니다. 미국 국방성은 국가 안보 차원에서 기후변화에 어떻게 대처할지 몇 개의 가상 시나리오를 작성했는데, 이는 석유 중독 국가인 미국의 인식을 그대로 내보이고 있습니다. 이들이 상정하는 석유 정점 이후의 세계는 기후변화와 전쟁과 기아입니다.

한국 경제에 미래가 있을까요

다시 말하지만 한국의 눈부신 압축 경제성장, 압축 산업화의 원동력이자 전제 조건 역시 값싼 에너지였습니다. 한국의 경제개발계획을 배후에서 기획하고 추진했던 미국은 처음부터 한국의 산업구조를 석유에 의존하는 산업구조로 재편하려고 준비하고 있었습니다. 1950년 대 말부터 이미 미국은 한국에 경제개발계획의 시행을 강요하고 있었고, 1961년 11월 미국을 방문한 박정희에게 미국 국무장관 로스토우는 한국이 시급히 해야 할 일은 오직 두 가지, 농업의 생산성을 높이는 일과 전력을 안정되게 공급해야 하는 일이라고 강조했습니다.

그렇게 값싼 에너지로 만들어진 오늘날 한국 경제는 에너지 소비 구조의 측면에서 보면 거의 에너지 무개념 경제라고 해도 지나친 말이 아닙니다. 농업을 비롯해서 전 산업 설비와 운영이 에너지 고갈 사태에 대해서는 전혀 대비해 놓지 않은 상태입니다.

2007년 한국에서 쓴 1차 에너지의 종류를 보면, 석유 44.6퍼센트, 석탄 25.3퍼센트, 가스 14.7퍼센트, 원자력 13퍼센트, 기타 2.4퍼센트를 썼습니다. 명실상부한 화석연료와 원자력 에너지 체제입니다. 한국의 1인당 에너지 소비는 세계 9위로 독일이나 일본보다도 많습니다. 그만큼 경제 규모에 비해서도 에너지를 많이 쓰는 경제 구조입니다.

또한 2007년에 최종 에너지가 쓰인 곳을 보면, 산업 분야에서 57.5퍼센트, 수송 분야 20.4퍼센트, 가정·상업 분야 19.8퍼센트, 공공·기타 분야 2.3퍼센트를 썼습니다. 제조업 가운데서는 1차 금속, 석유화학, 비금속광물 분야가 에너지의 75.4퍼센트를 썼습니다. 제조업 에너지 소비의 절반은 석유이며 25퍼센트 정도가 석탄, 전력이 15퍼센트, 나머지가 가스, 기타입니다.

이런 통계 숫자에서 알 수 있듯이 한국 자본주의를 가능하게 하고 성장과 개발을 추동했던 엔진은 다름 아닌 석탄과 석유, 가스 등 화석연료였습니다. 외국에서 '한강의 기적'이라고 부르며 칭찬해 마지않는 한국의 경제성장은, 이들 에너지가 상품의 생산비용에 들어가지도 않을 만큼 아주 값싸게 공급되었기 때문에 가능했습니다.

현대 자본주의 경제는 화석연료 경제, 석탄 가스를 포함한 탄소 경제이자 자연과 사람을 약탈하는 약탈 자본주의입니다. 더 정확히 말하면 값싼 에너지와 천연자원을 빨아먹고 사는 기생 자본주의입니다. 기생 자본주의는 숙주가 죽음에 이르면 또 다른 숙주를 찾지 못하는 한 종말을 맞이할 수밖에 없습니다. 한국 또한 그런 탄소 경제와 극심한 양극화를 성장 기반으로 하는, 인간과 자연을 착취하는 약탈 경제, 사막 경제입니다. 이제 이런 식의 경제는 더 이상 지속불가능합니다.

값싼 석유의 생산이 정점에 도달하면 더 이상 한국 자본주의의 성장은 불가능하게 됩니다. 흔히 성장이 중단되면 생산 규모만 조금 축소된 형태로 기업은 운용을 지속할 수 있다고 생각할 수도 있습니다. 그러나 그렇지 않습니다. 에너지 공급의 축소와 가격의 급격한 상승은 생산 축소를 위한 노동자 대량 해고, 수요 감소, 시장 축소, 판매 축소, 다시 노동자 대량 해고 등 악순환이 반복되는 공황 상태로 금방 이어집니다.

1929년 미국 뉴욕 월스트리트의 주식 폭락에서 시작된 대공황 같은 경우, 뉴딜 정책 같은 대규모 개발 정책으로 회생할 수 있었습니다. 하지만 이러한 대규모 개발 정책은 값싼 에너지가 있었기에 가능한 일이었음을 상기해야 합니다. 역사상 자본주의가 낳은 또 하나의 유전병인 공황은 늘 이렇게 값싼 에너지 덕택으로

현대 자본주의 경제는 화석연료 경제,
석탄 가스를 포함한 탄소 경제이자
자연과 사람을 약탈하는 약탈 자본주의입니다.
더 정확히 말하면 값싼 에너지와 천연자원을
빨아먹고 사는 기생 자본주의입니다.

운 좋게도 탈출구를 발견할 수 있었습니다.

그러나 에너지 공급 자체가 부족해지고, 붕괴를 앞둔 이 시점에서 공황은 그 어떤 탈출구도 발견할 수 없습니다. 혹 외계인이 새로운 무한 에너지를 지구에 선물로 주고 간다면 모를까, 자본주의 체제 자체의 몰락 말고는 어떠한 회생 방안도 불가능합니다.

석유 정점 사태보다 더 심한 석유 중단 사태와 함께 식량 위기 사태를 직접 경험한 두 나라가 있습니다. 바로 북한과 쿠바입니다. 1990년대 초 구소련이 붕괴되면서 구소련으로부터 석유를 싼값에 공급받고 있던 북한과 쿠바는 갑작스런 석유 공급 중단 사태를 맞이하게 되었습니다. 석유를 구할 수 없게 되자, 두 나라 모두 산업 생산 자체가 붕괴되고 극심한 식량 부족 사태로 사회와 국가 자체가 거의 파산 직전까지 몰리게 되었습니다. 1960년대까지만 해도 북한은 남한과는 비교가 되지 않을 정도로 훨씬 잘 살던 공업 국가였다는 점을 이미 앞에서 얘기했습니다. 쿠바도 라틴아메리카에서 가장 잘살던 선진 공업국이자 농산물을 수출하던 나라였습니다. 그럼에도 석유 중단의 사태에 직면하자 두 나라는 갑자기 그야말로 암흑세계로 전락하고 말았습니다.

하지만 쿠바는 석유가 필요 없는 농업인 유기농업으로 나아가 적어도 굶주림으로 죽어 가는 사람은 없는 식량의 자급자족 체제를 확립했습니다. 그에 반해 우리가 익히 잘 알고 있듯이, 그리고 가슴 아픈 일이지만, 북한은 수십만 명으로 추정되는 사람이 굶어 죽고 말았습니다.

초기 석유 중독증 환자였던 두 나라가 겪은 금단 현상은, 석유 정점 이후를 설계해야 하는 석유 중독증 말기 환자인 우리에게는 타산지석이 아닐 수 없습니다.

우리는 무엇을 할 수 있을까요

왜 북한은 굶주림으로 죽어 가는 사람들이 생긴 반면, 쿠바는 풍요롭지는 못하지만 적어도 굶어 죽는 사람은 없는 사회로 나아갈 수 있었을까요. 그 이유는 다름 아니라, 국가가 우선인가 상부상조의 공동체가 우선인가의 차이 때문이었습니다. 소농과 공동체의 존재 여부가 죽음인가 아닌가를 갈라놓았습니다.

북한은 구소련식 산업화 전략을 추구하면서 소농과 협동 농장을 없애고 곧바로 국영 농장으로 만들어 버렸습니다. 그리고 구소련처럼 국가가 아예 사회를 흡수해 버리고 만 전체주의 국가로 치달았습니다. 결국 미증유의 석유 중단이라는 사태가 닥쳐 왔는데도 북한 인민은 그저 수령과 당의 지시와 명령을 기다리는, 주체적이지 못한 수동형 인간으로 머물러 있을 수밖에 없었습니다. 어떻게 위기를 타개할지 스스로 알아서 길을 찾을 생각은 꿈에도 하지 못하고, 앉아서 자식들이 굶주려 죽는 모습을 지켜보고만 있어야 했습니다.

그에 반해 쿠바에는 사회와 지역 공동체가 살아 있었고, 16만 명이 넘는 소농이 20퍼센트 정도의 경작지에서 농사를 짓고 있었습니다. 북한 사회주의 체제에서는 멸종되었던 소농과 지역 공동체가 쿠바에는 살아 있었다는 점, 이것이 1990년 대 초 쿠바와 북한의 미래를 가르는 가장 큰 차이점이었습니다. 물론 이전까지 쿠바에서도 대규모 수출 작물 플랜테이션인 국영 농장이 전체 경지 면적의 80퍼센트에 이르렀지만 그 생산성은 소농의 생산성에 훨씬 못 미쳤습니다. 하지만 이를 익히 잘 알고 있었던 쿠바 지도부는 소농과 지역 공동체를 살렸기에 위기를 극복할 수 있었습니다.

이처럼 아무리 끔찍한 위기가 닥쳐도 살 길을 모색할 수 있고 서로 도우며 사회안전망을 이루고 있는 주체는 국가가 아니라 스스로 위기를 헤쳐 나갈 수 있는 자립과 자치의 공동체입니다. 상부상조의 지역 공동체입니다. 공동체, 즉 다양한 협동조합과 공제조합 등의 노동은 자본주의 기업에서 노동자가 노예처럼 하는 노동과는 그 성격과 질이 다릅니다. 노예의 노동과 자유인의 노동은 비교할 수가 없습니다. 스스로 살 길을 찾아가는 자유로운 노동이 바로 공동체의 노동입니다.

우리는 대체로 근대와 근대 이전으로 인류 역사를 구분합니다. 근대 사회란 산업화된 자본주의 체제를 말하고 근대 이전은 농업

중심의 중세 사회를 가리킵니다. 물론 이런 시대 구분은 서구의 학자들이 한 구분입니다. 서구 계몽주의 시대 이후 수많은 이른바 근대 사상가와 역사학자는 자본주의와 사회주의를 진보와 발전이라고 강조하기 위해 중세를 암흑 시대로 왜곡해 버렸습니다. 그래서 서구의 근대화 이론을 그대로 수입한 한국에서도 아직 서구의 중세 사회를 암흑 시대로 생각하는 사람이 많습니다. 당연히 서구를 추종하는 우리 학자 가운데는 근대 이전의 조선 시대를 암흑 시대와 비슷하게 생각하는 경향이 짙습니다.

그러나 서구 중세는 국가 없는 공동체의 황금 시대였습니다. 농업 공동체와 도시 코뮌의 개화 시기였습니다. 사족이지만, 중세를 암흑 시대라고 규정한 서구 근대 지식인 대다수는 인종주의자였습니다.

로마의 멸망 이후 수없이 많은 전쟁과 흥망성쇠의 역사가 펼쳐졌지만, 중세는 한편으로는 자립과 자치의 공동체와 공동체 문화가 꽃을 피웠던 공동체의 시대였습니다. 그런 공동체 자유인의 자유로운 영혼이 빚은 최고의 걸작품이 중세의 교회 건축과 그림 같은 예술품입니다. 유럽의 도시 거의 대부분이 중세 때는 독립된 하나의 도시 코뮌 국가였습니다. 그리고 상업 활성화를 위해 도시 간에 맺은 '한자동맹' 같은 도시 코뮌 연합이 왕과 귀족의 군대에 맞서 자유와 독립을 지켜 냈습니다.

하지만 서구 자본주의 국가는 이런 농업 공동체와 도시 코뮌을

철저히 파괴하고 출몰한, 역사상 유례가 드문 매우 이상한 폭력 국가 체제입니다. 자본주의는 공동체를 해체해야만 성립하는 체제입니다. 농업 공동체가 무너져야만, 먹고살 터전을 잃어버린 개인이 노동력을 팔아야만 살 수 있는 노동자로 전락하기 때문입니다. 서구 근대 계몽주의자는 이들 공동체 해체 이후 떨어져 나와 노동자가 된 농민을 토지에서 '해방된' 농민이라고 규정하기도 했습니다. 하지만 사실 해방이 아니라 노예 같은 노동자로 전락했을 뿐입니다. 그리고 결국에는 서구 제국주의는 전 지구를 침략하고 정복해서 자본주의화해 버렸습니다.

아직까지 중세 도시 코뮌이 무너지지 않고 남아 있는 곳이 스위스입니다. 스위스는 국가라기보다 취리히, 베른, 제네바 등 각각 독립된 도시 국가, 즉 20개 칸톤(州와 비슷하다)과 6개의 반半칸톤으로 이루어진 연방입니다. 대통령은 연방 내각 구성원이 1년마다 돌아가며 맡기 때문에 일반 시민은 대통령이 누군지도 잘 모릅니다. 권력은 연방에 3분의 1 정도, 그리고 나머지 3분의 2는 개별 칸톤과 코뮌에 있습니다. 코뮌은 모두 조금씩 다른 민주주의 제도를 운영하지만, 대부분 입법, 사법, 행정 권력을 공동체 구성원이 행사하는 직접 민주주의를 실행하고 있습니다. 칸톤과 코뮌이라는 공동체가 있기에 가능한 일입니다.

결국 붕괴 직전인 자본주의 산업사회에서 살아남기 위한 열쇠는 상부상조의 공동체입니다. 공동체가 있어야만 우리는 위기를 극복할 수 있습니다. 그리고 경쟁이 아니라 상부상조의 정신을 다시 삶의 가치로 회복해야 합니다.

공동체란 결핍의 공동체입니다. 모자란 것이 없는 개인에게 공동체는 필요하지 않습니다. 현대 자본주의의 개인이 공동체를 형성하지 않는 이유 중 하나는 풍요 때문이기도 합니다. 반면 가난한 사람이 살기 위해서 상부상조하는 것이 바로 공동체입니다. 그리고 우리는 지금 자본주의 붕괴 직전에 이 같은 상부상조의 공동체를 시급히 재구성해야만 합니다.

행복한 삶이란 무엇일까요

미국인 관광객과 멕시코 어부가 다음과 같은 이야기를 나누었다고 합니다.

멕시코의 작은 어촌에 간 관광객은 마을의 어부가 잡은 크고 싱싱한 물고기를 보고는 물었습니다.
"그거 잡는 데 얼마나 걸렸습니까?"
어부가 말했습니다.
"별로 오래 걸리지 않았습니다."
그러자 미국인이 다시 물었습니다.

"왜 물고기를 잡는 데 좀 더 시간을 들이지 않습니까? 좀 더 노력하면 더 많이 잡을 수 있을 텐데……."

어부는 적은 물고기로도 자신과 가족에게 충분하다고 했습니다.

"그럼 남은 시간에는 뭐하세요?"

"뭐~ 늦잠도 자고, 낚시질 잠깐 하고, 애들이랑 놀고, 마누라와 낮잠 자고…… 또 밤에는 마을에 가서 친구들과 술도 한잔 합니다. 기타도 치고 노래도 부르고 그러지요."

미국인이 그의 말을 막았습니다.

"사실 제가 하버드 MBA 경영학 석사입니다. 제 말 들어 보세요. 제 말대로 하면 당신은 부자가 될 수 있고 더 행복해질 수 있답니다. 우선 당신의 시간을 더 투자하여 물고기를 많이 잡아야 합니다. 이렇게 크고 싱싱한 물고기를 많이 잡아서 큰 도시에 내다 팔면 많은 돈을 벌 수 있습니다. 돈을 벌면 더 큰 배를 살 수 있겠죠? 그 배로 더 많은 물고기를 잡아 팔고 그 돈으로 다시 배를 몇 척 더 사고, 나중에는 수산회사를 차릴 수도 있습니다. 당신은 큰 부자가 되어 여기를 떠나 엘에이나 뉴욕으로 이사할 수도 있다구요!"

이번엔 어부가 되물었습니다.

"그렇게 되려면 얼마나 걸리죠?"

"글쎄요 20년, 아니 25년 정도요."

"그다음에는요?"

"당신 사업이 진짜로 번창했을 때는 주식을 팔아서 백만장자가 되는 거죠!"

"백만장자? 그다음에는요?"

"그걸 몰라서 물으세요? 당신은 은퇴해서 바닷가의 작은 마을에 살면서, 늦잠 자고, 아이들이랑 해변에서 놀고, 낚시질로 소일하고, 낮잠도 자고, 그리고 남는 시간은 친구들이랑 술 마시며 인생을 즐기는 거죠."

이 이야기는 우화가 아닙니다. 바로 지금 우리 자신의 이야기입니다. 경제성장이 되어 돈만 있으면 마음껏 소비하는 생활을 행복이라고 생각한다면 착각입니다. 이런 소비 중독은 바로 사람 자체를 상품으로 만들고 결국에는 사람 자체를 소모품으로 전락시킵니다.

자본주의는 인간을 인간으로 보지 않습니다. 사람은 그저 노동력 상품일 뿐입니다. 사람은 그저 '인적 자원'일 뿐입니다. 나이 들어 쓸모없어지면 쓰레기로 버려집니다. 실제 우리는 인간이 쓰레기로 곳곳에서 버려지는 현장을 매일매일 목격하고 있습니다. 머지않아 바로 나 자신도 용도폐기된 부속품처럼 버려질 운명이라는 사실을 직시해야 합니다.

세계 최빈국 가운데 하나인 방글라데시 사람들의 행복지수는 세계에서 제일 높다고 합니다. 이처럼 사람의 행복이란 물질에 있지 않고, 우애와 환대의 공동체 생활에 있습니다. 상부상조하는 사람들 사이의 인정, 계산과 조건이 없는 나눔에 있습니다.

우리는 모든 것을 물질로 보는 자본주의 세계관에 중독되어 있습니다. 이는 사람을 기계로 전락시키고 말았습니다. 자연 속에서 자립하는 능력을 잃어버리게 만들었습니다. 자본주의는 지금도 자립과 자치의 지역 공동체를 해체시키고 있습니다. 우리는 이를 극복해야 살 수 있습니다. 그리고 전혀 다른 패러다임의 자립과 자치의 삶, 바로 행복을 추구할 수 있습니다.

조금만 눈을 돌려 보십시오. 실제로 우리 주위에는 "늦잠 자고, 아이들이랑 해변에서 놀고, 낚시질로 소일하고, 낮잠도 자고, 그리고 남는 시간에는 친구들이랑 술 마시며 인생을 즐기는" 사람이 적지만은 있습니다. 가난을, 타파해야 할 악덕이 아니라 즐겨야 하는 미덕으로 여기고, 불편을 감수하면서 귀농을 선택하는 사람이 전국에 걸쳐 점점 더 늘어나고 있습니다. 이들은 괴짜가 아니라 진정 새로운 삶의 가치에 눈을 뜨고 또 그것을 실행에 옮긴 선각자입니다.

향유네로 알려져 있는 경북 상주의 김종관, 김현, 김향유 가족도 그런 사람 가운데 하나입니다. 아래 글은, 역시 전북 무주에서 일찍부터 새로운 삶을 살고 있는 김광화 씨가 향유네를 소개한 「희망과 만남의 열매 여는 향유네 포도밭」이라는 글입니다.

지금 우리 사회에서 시골은 조상 대대로 살아와 땅이 있고 집이 있어도 못 살고 떠나는 곳이다. 그 시골에 종관 씨는 몇백만원도 아닌 단돈 20만원을 들고, 대학 졸업식 바로 다음날 내려간다. 그가 다닌 대학은 농과대도 아니고 신학대였다. 그는 대학 생활 동안 기독교의 폐쇄적인 분위기와 종교적 위선에 숨이 막히고 괴로워했다. 그러다가 정농회正農會를 알게 되고, 김복관 선생을 비롯한 정농회 어른들과 만나면서 희망을 갖는다. 묵묵히 땅을 일구며 세상을 섬기는 어른들. 종관 씨는 그분들에게서 빛을 보았고, 그분들 뒷모습만 보아도 힘이 난다고 했다.

그러나 바르게 사는 길만 확인했지 손에 가진 거라곤 아무것도 없었다. 자신이 살 곳을 찾아 전국을 돌다 경북 김천에서 유기재배 포도농사를 짓는 김성순 선생을 만나게 된다. 그분 도움으로 종관 씨는 머슴살이를 시작한다. 스물일곱 나이에. 낫 한 번, 호미 한 번 잡아 본 적이 없던 사람이 밑바닥부터 시작하겠다고. (……) 종관 씨가 머슴살이를 시작한 해가 1998년이니 요즘 세상에 머슴이란 '오래된 미래'라고 할까. 머슴이라면 자존심이 상할 수도 있지만, 일도 배우면서 최소한의 생활을 꾸릴 수 있으니 종관 씨는 달갑게 머슴살이를 시작했다.

(……)
향유네 포도주를 마시고 취하는 부분은 향유네가 땅을 구하고, 나무를 돌보면서 느꼈던 즐거움이라 여긴다. 향유네 포도주는 주정이나 다른 화학 첨가제를 전혀 넣지 않는다. 그것도 유기재배한 포도로 빚은 와인이다. (……) 향유네는 포도와 포도주를 생협에 대부분 내다주고 일부는 직거래로 판다. 지난해 향유네가 돈으로 거둔 총매출액은 약 3000만원, 이 가운데 경비를 뺀 소득은 2000만원 남짓. 도시 기준에서는 얼마 안 되겠지만 자급을 추구하는 시골살림에서는 적지 않은 돈이다. (……) 향유엄마는 시골살림에도 잘 적응한다. 재래식 화장실을 불편해하지 않으며, 냇가에서 빨래하는 걸 즐거움으로 여길 정도다. 게다가 제철 음식과 자연의학에 매력을 느껴 지금 삶을 행복해한다. 여름밤이면 반딧불이 나는 모습을 즐기고, 밭 가는 길을 향유랑 걸으며 온갖 호기심에 들뜨곤 한다. (……) 이들 가족이 가꾸고 거두는 열매란 포도만이 아닐 것이다. 땅에 뿌리내리고 지역으로 뻗어가는 게 뭔지를 나누는 것이고, 돈이 없어 뭘 못한다고 절망하는 사람들에게 작으나마 희망을 주는 게 아닐까 싶다.

— 『신동아』, 2007년 10월호

'자발적 가난'이란 말이 있습니다. 노예의 풍요를 거부하고 스스로 자유로운 가난을 선택해 사는 사람의 살아가는 방식이 그렇게 특별하지만은 않습니다. 재벌 기업의 임원으로 있으면서 연봉 수십억원을 받는 삶이 과연 행복한 삶인지, 향유네 가족의 삶이 과연 행복한 삶인지는 사람마다 생각이 다를 수 있습니다. 그러나 게으르고 느리게 삶의 여유를 즐기고 있는 멕시코 어부를 불행하다고 판단하는 하버드 경영학 석사의 역설은 우리에게 삶의 목표에 대해 통렬한 성찰을 촉구합니다.

우리는 기적이다, 삶을 즐기자

저 점을 다시 보자. 저기 있다. 저것이 우리의 고향이다. 저것이 우리다. 우리가 사랑하는 모든 이들, 우리가 알고 있는 모든 사람들, 당신이 들어봤을 모든 사람들, 존재했던 모든 사람들이 그곳에서 삶을 영위했다. 우리의 기쁨과 고통의 모든 총합, 확신에 찬 수천의 종교와 이데올로기와 경제 이론들, 모든 사냥꾼과 약탈자, 모든 영웅과 비겁자, 문명의 창조자와 파괴자, 왕과 농부, 사랑에 빠진 젊은 연인들, 모든 아버지와 어머니, 희망에 찬 아이들, 발명가와 탐험가, 모든 도덕 교사들, 모든 부패한 정치인들, 모든 슈퍼스타, 모든 최고 지도자들, 우리 종種 역사 속의 모든 성인과 죄인들이 저기—태양 빛 속에 부유하는 먼지의 티끌 위—에서 살았던 것이다

— 칼 세이건, 『창백하고 푸른 점』

1990년 탐사선 보이저 1호가 약 64억 킬로미터 떨어진 명왕성 부근에서 촬영한 지구의 모습을 보내왔습니다. 지금도 누구나 인터넷을 검색하면 쉽게 찾을 수 있는 사진입니다. 그 사진에서 지구를 찾기란 솔밭에서 바늘 찾기처럼 어렵습니다. 우주 속의 지구는 그야말로 창백하고 푸른 하나의 점 pale blue dot, 자세하게 보아야만 그 존재를 알 수 있는 희미한 티끌에 지나지 않습니다.

수많은 과학책을 썼고 또 그런 글쓰기 작업을 통해 수많은 사람에게 경종과 성찰의 자료를 제공했던 칼 세이건은 그 사진을 보면서 사람들의 오만과 자만이 얼마나 어리석은지를 지적하고 있습니다. 사람들이 이룩해 놓았다고 자부하는 거대한 문화와 문명의 바벨탑이 조금만 지구를 벗어나서 보면 얼마나 작고 보잘것없는 것인지 상기시키고 있습니다. 그러면서 세이건은 이 광막한 우주에서 너무나도 먼지처럼 연약하고 부서지기 쉬운 지구의 생명체가 존재하는 일이 얼마나 기적 같은지, 슬기동물 호모 사피엔스이라고 스스로 이름 지은 사람들에게 일깨우고 있습니다. 겸손을 배우고 자신을 성찰하면서 말입니다.

그렇습니다. 우리는 그야말로 우주의 모래알 하나처럼 작디작은 행성에 살고 있습니다. 거기에 붙어살고 있는 사람이란 생명체는 또 얼마나 작은 존재인지 모릅니다. 70년, 80년이라는 사람의 수명은 46억 년이라는 지구의 나이와 150억 년이라는 우주의 나이에 견주면 그저 눈 한 번 깜빡할 순간에 지나지 않는, 또 얼마나 짧은 찰나인지 모릅니다.

그러나 바로 그렇기 때문에 지구의 생명체는 더더욱 놀라운 기적입니다. 생각하면 할수록 너무나 소중하고도 찬란한 놀라움의 극한입니다. 역시나 먼지 같은 존재 가운데 하나인 화성과 다른 수많은 행성은 생명체가 전혀 없는 가스 덩어리이거나 돌덩이일 뿐입니다. 그에 비해, 지구의 나무와 풀과 버섯, 박테리아와 아메

바와 해파리, 거미와 풍뎅이와 개미, 고등어와 장어와 상어, 악어와 도마뱀과 거북, 참새와 제비와 갈매기, 두더지와 박쥐와 고래, 고릴라와 우랑우탄과 사람은, 그야말로 입을 다물 수 없을 만큼 기막히고도 멋진 신세계의 파노라마입니다.

폐차된 자동차가 수십억 년 동안 비바람을 맞고 견디면 질경이로 다시 태어날 수 있을까요. 그 무엇이 될 수는 있어도 생명이 될 수는 없습니다. 그만큼 생명이란 깊은 신비 그 자체입니다. 우연치고는 너무도 기막힌 우연의 산물이며 그래서 더욱 소중하고도 잃어버려서는 안 될 보물입니다. 생명체의 진화란 그 우연 속에서 끝없이 이어진 선택의 역사이며 우리 또한 우리 앞에 놓인 선택의 역사를 창조하고 있는 중입니다.

창백하고 푸른 이 한 점 위에서 인류는 문명을 건설했습니다. 짧은 시간에 인류는 석기 문화에서부터 현대 자본주의 산업 문명에 이르기까지 진실로 눈부신 문명과 문화의 역사를 만들어 냈습니다. 그 한 점 위에서 사람이란 종의 개체수는 오늘날 이미 67억을 넘어섰습니다. 물론 개체수로만 따지면 미생물이나 개미에는 따라가지 못하지만 적어도 쥐라기의 지구를 뒤덮었던 공룡의 개체수보다는 훨씬 많이 번성하고 있는 중입니다. 열대와 온대 지역은 말할 것도 없고 땅이 있는 곳이면 심지어 북극에서 사막이나 외딴 섬까지 인류는 거기서 살고 있습니다.

우리는 그야말로 우주의 모래알 하나처럼
작디작은 행성에 살고 있습니다.
거기에 붙어살고 있는 사람이란 생명체는 또
얼마나 작은 존재인지 모릅니다.

1969년 7월 21일, 달 위에 떠 있는 달 착륙선. 저 멀리 작게 보이는 행성이 지구다.

그런데 이처럼 그야말로 대단히 특이한 슬기동물이 그 같은 놀라운 문명을 건설하고 문화를 창조하고는, 놀랍게도 그 문명과 문화를 스스로 붕괴시키고, 또 건설하고 붕괴시키는 자살 행위를 반복하고 있습니다. 아니 이제는 자신의 자살을 넘어 지구상의 온 생명체를 멸종으로 이끄는 홀로코스트, 집단학살 행위를 벌이려 하고 있습니다. 이 무슨 미친 짓이란 말입니까.

성장은 범죄입니다. 성장과 풍요는 행복이 아닙니다. 지금 우리의 풍요는 범죄자의 풍요입니다. 지금 우리가 행복하다면 그것은 양심도 피도 눈물도 없는 눈먼 범죄자의 행복일 뿐입니다.

진정한 행복은 성장이 아니라 상부상조의 우애와 환대에 있습니다. 행복은 자신의 소중한 것을 모두 서로 나누는 사랑하는 사람과 벗과 이웃에게 있습니다. 사랑하는 사람들과 함께 나누는 기적 같은 시간에 있습니다.